日本人なのに知らない神社と神道の謎

神社と神道でひも解く日本人と歴史

茂木貞純・監修
Motegi Sadasumi

JIPPI Compact

実業之日本社

はじめに

神社は、日本にしかない宗教施設である。日本は隣国の中国や韓国などから多くの影響を受けているが、古くから独自の歩みを続け、独自の文化を育んできた。周囲を海に囲まれ、外敵の侵略を受けなかったことも幸いして、古い素朴な文化が蓄積し今日に及んでいる世界にも稀な国であろう。

神社は、この日本列島に生活を打ち立てた私たちの祖先が、日々の歩みの中で祈り、感謝する生活の中から生み出し、造りあげてきたものである。日本は四季が規則正しく循環し、自然の恵みが豊かであるが、一方災害が多い。旱魃、長雨や台風による風水害、地震や火山活動による災害、沿岸部では津波による被害など毎年必ずどこかで発生している。

日本列島には、約一万年前に高度な土器を使用する縄文文化が芽生えた。青森の三内丸山遺跡は、五千年から四千年前位の縄文中期遺跡と言われているが、大型の建物跡や栗の栽培などが確認され、漆や織物など現代に続く工芸品も発見されている。高度な文化が形成されていたことが推測できる。

その後、約二千五百年前に、北九州に稲作が伝わり、瞬く間に日本列島の北端まで栽培されるようになる。稲作技術の伝達が素早くできたのは、同じ日本語という言語を話す人々がいたからではないか。このころ弥生式土器がつくられ、弥生時代となって行く。こうした大きな変化の過程は、考古学の成果により明らかになってきた。

一方で日本には『日本神話』が千三百年まえに記録され、文字の無い時代の伝承が伝えられた。そこには稲作の初め、伊勢神宮や出雲大社の由来、国の根源の物語が伝えられている。また、およそ二千六百年前に初代神武天皇が即位され、歴代の天皇が苦労を重ねて国造りに励んできた様子が伝えられている。

六世紀に仏教が伝来した時には、すでに全国に多くの神社が存在して、人々の精神的な支柱となっていた。神仏ははじめ緊張関係が続くが、やがて共存する道を歩み、独自の日本文化を創造して行く。神社に象徴される日本文化の根源は、弥生時代を遡り、縄文時代に到るものであろう。永い生活の歴史の中で形造られてきたのが神社であり、私たちの信仰である。その様々な疑問にやさしく答えたのが、本書であり、神道や神社の入門として活用していただきたい。

茂木貞純

【目次】

第一章 神社と神道の素朴な疑問

第二章 神社でわかる神道の「いろは」

なぜ拝殿へと向かう道の真ん中を歩いてはいけないのか？

第三章 神様が褒めてくれるお参りの仕方

本殿が二つ以上ある場合、どちらから先に参拝するのか？

本文レイアウト／Lｕｓｈ！
本文図版／イクサデザイン
本文イラスト／山寺わかな
写真協力／神社本庁、奈良県立橿原考古学研究所付属博物館

序章

これだけは押さえておきたい神社の基本

八百万の神々

どうして、日本には八百万といわれるほどたくさんの神様がいるの？

「神様」といえば、キリスト教、イスラム教などでは唯一絶対の存在である。ところが日本には八百万の神々が存在する。八百万は「やおよろず」と読み、実数ではなく限りなく多いという意味だ。

まず日本最古の正史である『日本書紀《にほんしょき》』を見てみると、伊弉諾尊《いざなきのみこと》と伊弉冉尊《いざなみのみこと》に代表される原初の神々に始まり、伊勢神宮《いせじんぐう》に祀られる天照大神《あまてらすおおみかみ》や、八岐大蛇《やまたのおろち》退治で名高い素戔嗚尊《すさのおのみこと》、出雲大社《いずもたいしゃ》の祭神大国主神《おおくにぬしのかみ》など、計一八一柱の神が登場している。そのほかにも八幡様《はちまんさま》や稲荷《いなり》など民間信仰から生まれた神もあれば、徳川家康《とくがわいえやす》を祀る日光東照宮《にっこうとうしょうぐう》、菅原道真《すがわらのみちざね》を祀る天満宮《てんまんぐう》など人を神として祀る神社もある。

さらに現在国内に約八万社あるとされる神社に祀られる神々を含めると、その数は膨大なものとなる。

一体どうしてこれほどまでに日本の神様の数は多いのだろうか。

それは古来日本人が、この世に存在する万物すべてに神が宿ると信じ、敬ってきたためだ。動植物、山、川などの自然はいうにおよばず、雨や雷などの自然現象にも神の存在を認め、崇め奉ってきた。そうした神々は自然の恵みをもたらす一方、荒ぶる怒りの一面を見せれば天変地異や疫病などの災いをもたらす存在ともなった。そこで人々は、豊作や個人の願いを託す一方、災いを避けるために神々を祀ったのである。

こうして様々な恩恵をもたらす多種多様な神が存在するようになったのである。

二つの系統に分かれる神々

数の多い日本の神は、大きく二つの系統に分かれている。

それが「天《あま》つ神《かみ》」と「国《くに》つ神《かみ》」の分類である。天つ神は神々の住む高天原に存在する神や、高天原から地上に降臨してきた神々を指し、国つ神は地上で生まれた神と天孫降臨《てんそんこうりん》以前から存在した神々などを指す。『日本書紀』や、最古の歴史書『古事記《こじき》』に記される神話において、素戔嗚尊は誕生して間もなく父・伊弉諾尊に反抗し、姉・天照大神が治める高《たか》天原《まのはら》に混乱をもたらした。その乱行の罪を問われて地上に追放されることで、国つ神の性格を帯びたという。

この結果、天照大神やその子孫から成る天つ神の系譜と、素戔嗚尊の子孫である国つ神の系譜の分離が生じた。

天つ神

天上の雲の上に鎮まる神々。
高天原系の神々。

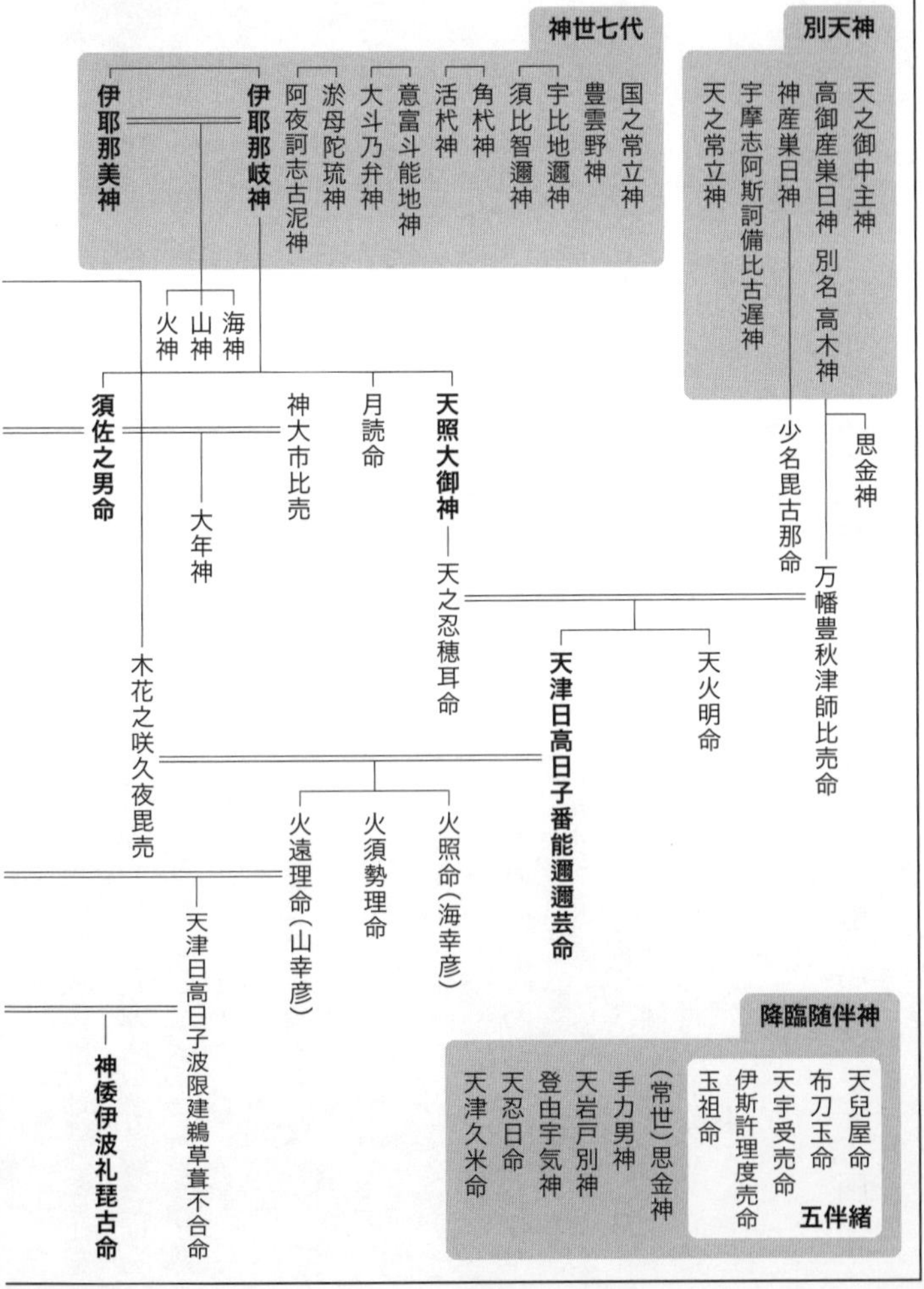
別天神
天之御中主神
高御産巣日神　別名　高木神
神産巣日神
宇摩志阿斯訶備比古遅神
天之常立神
神世七代
国之常立神
豊雲野神
宇比地邇神
須比智邇神
角杙神
活杙神
意富斗能地神
大斗乃弁神
淤母陀琉神
阿夜訶志古泥神
伊耶那岐神
伊耶那美神
海神
山神
火神
思金神
少名毘古那命
万幡豊秋津師比売命
天照大御神
月読命
神大市比売
須佐之男命
大年神
天之忍穂耳命
天火明命
天津日高日子番能邇邇芸命
木花之咲久夜毘売
火照命（海幸彦）
火須勢理命
火遠理命（山幸彦）
天津日高日子波限建鵜草葺不合命
神倭伊波礼毘古命
降臨随伴神
五伴緒
天兒屋命
布刀玉命
天宇受売命
伊斯許理度売命
玉祖命
（常世）思金神
手力男神
天岩戸別神
登由宇気神
天忍日命
天津久米命

『古事記』に登場する神々の系譜

国つ神 地上の山中にあって雲や霧のなかに鎮まる神々で、須佐之男命の系譜に連なる。

日本には八百万と形容されるほど多くの神々が存在する。神道において神典に位置づけられる『古事記』と『日本書紀』では、327柱の神の名が登場し、伊耶那岐命（伊弉諾尊）と伊邪那美命（伊弉冉尊）に始まる系譜は、皇室へと連なっていく。

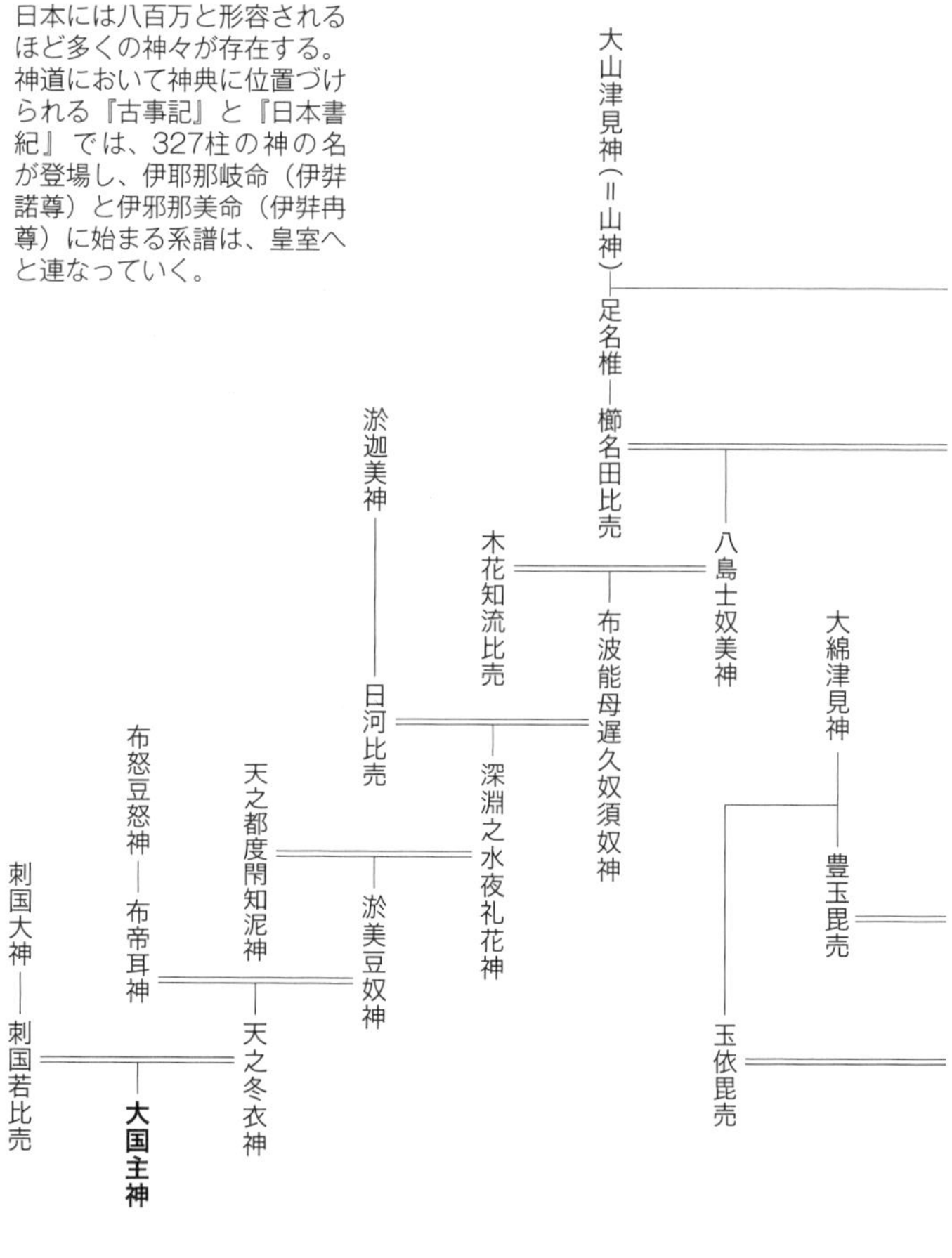

※表記は『古事記』に基づく。

神道の源流

神道っていったい誰が作った宗教なの？

宗教というのはその宗派を開いた開祖がおり、その開祖の実績や教義をまとめた教典を持つのが一般的である。たとえば世界規模の宗教を見ても、キリスト教はイエスを開祖とし、聖書を聖典としている。イスラム教にも創始者たるムハマンドがおり、コーランという教典がある。仏教もブッダが開き、数多くの経典があるという具合である。

では神道は一体誰が作り、どのような教典を持つのだろうか。

じつは神道は開祖もいないし、教典と呼べる書物も存在しない。前述したように神道は万物すべてに神が宿ると信じて敬うという「自然崇拝」から始まったもので、自然発生的に誕生した信仰だからである。

この自然崇拝の信仰は縄文時代から始まったとされ、万物に魂が宿ると考えた当時の人々は、様々な霊魂を敬い畏れ、祀った。この習慣を精霊崇拝と呼ぶ。

縄文時代の遺跡からは多くの土偶《どぐう》や石棒などが出土しており、これらを用いて祭祀を行なっていたのではないかと推測されている。また縄文式土器には火焔型の装飾が施された

銅鐸を鳴らしていた？
土器に盛られた神々に対する供物。

弥生時代の祭祀の様子を再現したジオラマ。（奈良県立橿原考古学研究所附属博物館所蔵）

土器があり、実用性の低さから祭器として使用されたのではないかとみられている。

やがて弥生時代に入ると日本列島に水稲《すいとう》耕作が浸透して定住が進み、生活に安定がもたらされるようになった。ただし稲作は天候や自然に大きく左右されるため、人々は従来にも増して目に見えない霊魂や神々に災いを除き、豊穣を願うようになる。

また、この時代に意識され始めたのが祖先である。弥生時代の人々は、作物を作る田畑を開発してくれた先祖に感謝し、先祖の霊魂、つまり、祖霊《それい》を祀るようになった。さらにその祖霊が、動植物などの多様な魂とともに集落を守護してくれるという思想に発展する。これが祖霊信仰である。

祖霊は山や海の彼方に住み、私たちの生

活を見守ってくれるものとして信仰されるようになっていった。

この神霊崇拝と祖霊信仰と、精霊崇拝が融合して神々の祭祀が形成され、現在の神道へと発展したのである。

大和朝廷が整えた宗教体系

集落など小さな共同体ごとに独自に執り行なわれていた神々の祭祀は、やがて皇室を中心とした大和《やまと》朝廷により、ひとつの祭祀体系として整えられていった。日本神話によれば、日神である天照大神への信仰を中心に、大和朝廷を構成した諸豪族は様々な神々を祀り、独自の祭祀も断絶することなく受け継がれていった。

ただし日本人はこの信仰を生活の一部として捉え、当時はまだ「宗教」とは自覚していなかったようだ。

しかし六世紀に中国から朝鮮半島経由で日本に仏教が伝来すると、それに対抗する形で、日本固有の信仰を「神道」として自覚されるようになった。

ここでようやく神道とその祭祀がひとつの信仰形態として認識されたのである。その際、伝来したばかりの仏教（仏像）は異国の神と認識され、これを受け入れると日本古来の神が怒るのではないかと物議を醸したのも、日本ならではの現象といえよう。

神道の教え

神道って どのような教義を持っているの？

八百万の神々を敬う神道。ではその教えとは一体何なのかと聞かれたとき、多くの人が困ってしまうのではなかろうか。

キリスト教には聖書、イスラム教にはコーランといった教典があり、そこにはそれぞれの開祖の言葉や教えがまとめられている。

ところが神道はこれらと比べてかなり異質である。開祖もいないし、教典もなく「このように生きなさい」「○○をしてはいけない」というような文字化された教えや戒律が存在しないのだ。

また、天国や地獄といった死後の世界に言及しないのも、現世を第一とする性格を表わしているともいえる。

『古事記伝』などの著作を残した江戸時代の国学者《こくがくしゃ》・本居宣長《もとおりのりなが》は、『直毘霊《なおびのみたま》』のなかで神道について、「そも、此《こ》の道は、いかなる道ぞと尋ぬるに、天地のおのづからなる道にもあらず。是をよく弁別へて、かの漢国の老荘《ろうそう》などが見《こころ》と、ひとつにな思ひ紛へぞ。人の作れる道にもあらず」とし、神々によって始まり、天照大神によって受け継がれ伝え行く道と説く。

「神々によって始まる」となれば、神道の教えのひとつの指針となるのが神話を記した書物であろう。

そうした書物には、神々の伝承や祭祀の始まりなどをまとめた『古事記』や『日本書紀』、『古語拾遺《こごじゅうい》』、各国の古伝承・風物を記した『風土記《ふどき》』などがある。これらは「神道古典」と呼ばれ、神話や祭祀を通して、国の成り立ちから始まる歴史と共に、古代日本人の心を伝える書物として重視されている。

そしてこれらをもとに昭和三十一年（一九五六）、神社本庁が神々を敬う「実践要綱」として定めたのが次の条項文だ。そこには、

一、神の恵みと祖先の恩とに感謝し、明き清きまことを以て祭祀《さいし》にいそしむこと
一、世のため人のために奉仕し、神のみこともちとして世をつくり固め成すこと
一、大御心《おおみこころ》をいただきてむつび和《やわ》らぎ、国の隆昌《りゅうしょう》と世界の共存共栄とを祈ること

の三箇条が示されている。

◐生活の心得を説く敬神生活の綱領

「敬神生活の綱領」と名づけられたこの実践心得が示すのは、神が宿り人間を育む自然を大切にし、先祖を敬うといった、古くから日本人の間で受け継がれた思想であり、日常の道徳的・倫理的基準ともいえる。また、日々の生活の心得とされるのが「明き清きまことの心」である。

まこととは「真心」のことで、すなわち嘘偽《うそいつわ》りのない清浄な状態で生活を送ることを重んじているのである。

それは神が「穢《けが》れ」を嫌い、清浄なところに宿るとされるからである。

この穢れをもたらすものが様々な罪（六二ページ）であり、人間は罪によって穢れないように、清らかであるようにしなければならないというのである。

そして、神話に伝えられる神々の意志を体してそれぞれがより良い国造りに参画しなければならない。

常に国家国民の安泰を祈られている天皇の御心をもって、互いに睦み和んで日本国の繁栄と、世界の国々が共に栄えていけるよう祈らなければ成らない、とする。

神宮、大社、神社といろいろと呼び名があるけれど、何が違うの？

社号の秘密

神様の鎮座する場所といえば神社である。神田《かんだ》神社、愛宕《あたご》神社、西宮《にしのみや》神社など、様々な神社があるが、神社といっても、○○神社だけではない。伊勢神宮、出雲大社のように「神宮」や「大社」と呼称される神社もある。

この名前の後につく称号を「社号」という。では神宮、大社、神社という社号はどのような違いがあるのだろうか。

まず神宮は、天皇家にゆかりのある祭神を祀った神社である。神を祀る御殿を持っており、かつては皇祖神《こうそしん》の天照大神を祀る伊勢神宮のみが神宮を名乗っていた。現在も単に「神宮」といえば、伊勢神宮を指す。平安時代の『延喜式』では、記載の二八六一社のうち、伊勢神宮に加えて鹿島《かしま》神宮・香取《かとり》神宮の三社のみが用いることを許された格式の高い社号である。

今では熱田神宮、平安神宮などがあるが、これは明治時代以降の社号である。明治以降、歴代の天皇を祀る神社として、吉野神宮、明治神宮などが相次いで創建されるなどして、

神社の「社号」と格式

宮（ミヤ）系		社（ヤシロ）系	
神宮	古くから皇室に縁のある神社や、歴代天皇を祭神とする神社、または勅許を得ている神社につけられる社号。単に「神宮」とのみ称すときは伊勢神宮を指す。	大社	その地域の信仰の中心となる規模の大きい神社に付けられる社号。かつては出雲大社のみを指したが、現在は諏訪大社や気多大社、多賀大社などがある。
大神宮	伊勢神宮もしくは伊勢神宮から分祀された神社に用いられる社号。東京大神宮や船橋大神宮などがある。	神社	一般的な神社に見られる社号。神田神社、浅間神社など多数。
宮	香椎宮のように、皇族を祭神とする神社が多くを占める。その他、日光や久能山などの東照宮をはじめ、神仏習合の時代に生まれた神社にも用いる場合がある。	社	八幡社や稲荷社など、信仰の総本社から祭神を分霊した神社に付けられる傾向がある。

神宮号が急増したのである。

大社はその地域の信仰の中心となる神社のこと。出雲大社、諏訪《すわ》大社、春日《かすが》大社、気多大社、多賀大社、三嶋大社などが知られている。

神宮と同様、大社もかつては出雲大社（杵築《きつき》大社）のことだけを指し、伊勢神宮とともに出雲大社が別格として位置づけられていたことがうかがえる。

これ以外にも鶴岡八幡宮《つるおかはちまんぐう》のような「宮」は皇族を祭神とするなど由緒のある神社が多いが、北野天満宮、日光東照宮など神仏《しんぶつ》習合《しゅうごう》の時代に生まれた神社にも用いられている。

その他の一般的な神社が、「神社」の社号を持つ社であり、最も数が多い。

神社本庁

神社本庁って
いったいなにをするところなの？

全国に約八万社あるといわれる神社のなかに、八幡神社の本社は大分の宇佐《うさ》八幡宮、稲荷神社の本社は伏見《ふしみ》稲荷大社というように、同じ神様を祀る本社がある。では日本各地の神社を統括するところはあるのだろうか。

それが神社本庁である。日本各地の神社を包括する神社団体で、日本最大の神道系の宗教団体だ。靖国神社や伏見稲荷大社など一部を除いて日本の神社はほぼこの傘下にあるといわれている。

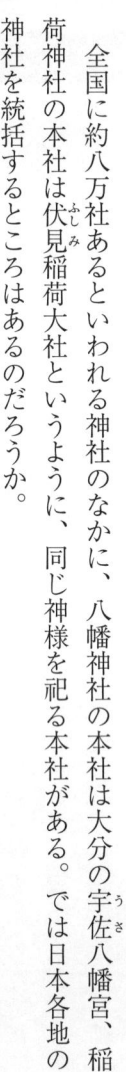

「本庁」という名称から公的な組織に思えるが、じつは戦後にできた民間の組織だ。もともと明治維新以降、祭政一致《さいせいいっち》を目指した明治政府は神社を「国家の宗祀」として位置づけ、神社を国家の管理下に置いた。内務省《ないむしょう》の機関である神祇院《じんぎいん》が神社の統括を担当し、管理指導を徹底した。また、神社の社格や神職の位階も定めることで神社を組織化した。

先の戦争では国家総力戦となったため、戦勝祈願や苦しい時の神頼みから神国意識が高まった。しかし敗戦後の昭和二十年（一九四五）、「国家神道」を軍国主義の温床と決めつ

東京都渋谷区にある神社本庁。現在の新庁舎は昭和62年（1987）に完成した。

けたGHQにより、神社の国家管理が廃され、神祇院は解体させられる。

その結果、神社は国の管理を離れて、一宗教として出発することになった。しかし神社は仏教のように宗派ごとに布教し、教化していく機能を持たない。

そこで神社を守るために当時存在した民間の神社三団体によって組織されたのが、神社本庁だった。

現在、神社本庁は神道の教化や普及を活動の第一目的とし、國學院《こくがくいん》大學と皇學館《こうがくかん》大學とに高等神職養成課程を設けて神職の養成にあたるとともに、神社検定の実施とそのテキスト『神社のいろは』を刊行するなど、神道の普及を目指す広報活動に注力している。

押さえておきたい日本神話 其の一

天地開闢から日本誕生まで

日本創世神話は混沌としていた世界が、天と地の二つに分かれる天地開闢《かいびゃく》から始まる。

まず、天界である高天原《たかあまのはら》で、天之御中主神《あめのみなかぬしのかみ》、高御産巣日神《たかみむすひのかみ》、神産巣日神《かむむすひのかみ》の三神と、宇摩志阿斯訶備比古遅神《うましかしかびひこぢのかみ》、天之常立神《あめのとこたちのかみ》の二神が生まれる。この五神は別天津神《ことあまつかみ》と呼ばれる。

次に生まれるのが、国之常立神《くにのとこたちのかみ》と豊雲野神《とよくもぬのかみ》の二神だ。国之常立神は神道において重要な大地を神格化した存在とされており、天を神格化した最初の神である天之御中主神と同様に神道における宇宙の根源を司る神として扱われている。

国之常立神と豊雲野神とこれらに続く男女対の五組の神々を合せて神世七代《かみよななよ》と呼ぶが、この神世七代の最後に生まれたのが、伊邪那美命《いざなみのみこと》と伊邪那岐命《いざなきのみこと》の二神だ。

二神は世界を完成させるために下界に国土を作るという命令を受けると、矛で海水をかき混ぜ、塩を固めてオノコロ島を作る。

島に降り立ち天の御柱《みはしら》を立てて、お互いに反対に回って出会ったところで夫婦の契りを交わす。こうして生まれた八人の子が、日本列島となった。

伊邪那美命と伊邪那岐命は日本列島を作った後も山の神や海の神など数多くの神々を生み出す。しかし、伊邪那美は火の神である迦具土神《かぐつちのかみ》の出産時に負った火傷がもとで命を落としてしまう。

第一章 神社と神道の素朴な疑問

一日にいくつもの神社をお参りしても、神様は怒らないのか？

遷宮

なぜ伊勢神宮や出雲大社では定期的に遷宮が行なわれるのか？

伊勢神宮《いせじんぐう》では二十年ごとに、出雲大社《いずもたいしゃ》では制度として確立されたわけではないが、六十年ごとに遷宮《せんぐう》が行なわれる。平成二十五年（二〇一三）には伊勢神宮と出雲大社の同時遷宮が話題になった。

遷宮とは社殿を新しくして御神体をお遷しする儀式のこと。出雲では本殿の屋根の吹き替えが中心だが、伊勢神宮では内宮《ないくう》・外宮《げくう》の正殿《しょうでん》をはじめ、宇治橋《うじばし》など境内のすべての建築物が一新され、約八〇〇種、一六〇〇点に及ぶ装束・神宝《しんぽう》まで造り替えられる大がかりな行事となる。そしてヒノキの伐採、神域への曳きいれなど一つ一つが神事として執り行なわなわれたのちに、遷御の日を迎える。

伊勢神宮の遷宮は、七世紀に天武《てんむ》天皇が二十年に一度の遷宮を定め、持統《じとう》天皇の四年に始まった。その後連綿と受け継がれた遷宮は、十五～十六世紀にたびたび延期、中断を余儀なくされた時期があったものの、戦国後期に復活し、現代まで継承されてきた。

とはいえ、遷宮はその年だけで完結するものではなく、平成二十五年（二〇一三）の六

伊勢の遷宮に至る流れ

1. 山口祭《やまぐちさい》
2. 木本祭《このもとさい》
3. 御杣始祭《みそまはじめさい》
4. 御樋代木《みひしろぎ》奉曳式《ほうえいしき》
5. 御船代祭《みふなしろさい》
6. 御木曳初式《おきひきぞめしき》
7. 木造始祭《こづくりはじめさい》
8. 御木曳行事《おきひきぎょうじ》（第一次）
9. 仮御樋代木《かりみひしろぎ》伐採式《ばっさいしき》
10. 御木曳行事《おきひきぎょうじ》（第二次）
11. 鎮地祭《ちんちさい》
12. 宇治橋渡始式《うじばしわたりはじめしき》
    新しく架け替えた内宮の宇治橋を、全国から選ばれた三代揃いの夫婦が渡る儀式。
13. 立柱祭《りっちゅうさい》
14. 御形祭《ごぎょうさい》
15. 上棟祭《じょうとうさい》
16. 檐付祭《のきつけさい》
17. 甍祭《いらかさい》
18. 御白石持行事《おしらいしもちぎょうじ》
19. 御戸祭《みとさい》
20. 御船代奉納式《みふなしろほうのうしき》
21. 洗清《あらいきよめ》
22. 心御柱奉建《しんのみはしらほうけん》
23. 杵築祭《こつきさい》
24. 後鎮祭《ごちんさい》
25. 御装束神宝《おんしょうぞくしんぽう》読合《とくごう》
26. 川原大祓《かわらおおはらい》
27. 御飾《おかざり》
28. 遷御《せんぎょ》
    天照大神が神殿へと移る、最も重要な儀式。
29. 大御饌《おおみけ》
30. 奉幣《ほうへい》
31. 古物渡《こもつわたし》
32. 御神楽御饌《みかぐらみけ》
33. 御神楽《みかぐら》

20年周期で行なわれる伊勢神宮の式年遷宮では、遷宮だけではなくそれまでの約８年にわたって30に及ぶ祭儀が行なわれる。

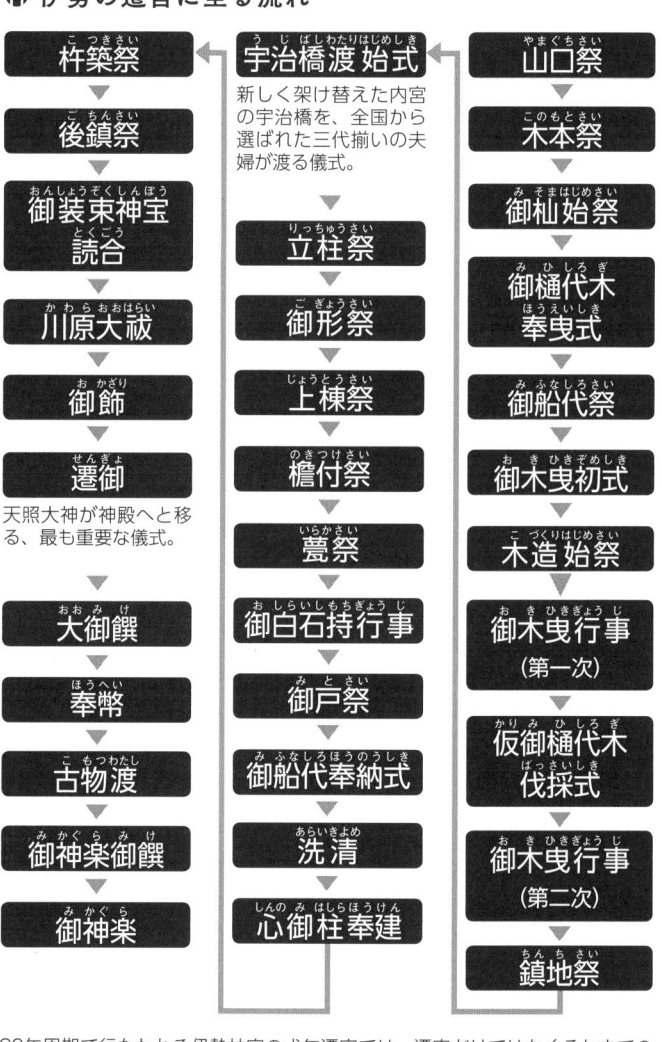

二回の遷宮も、平成十七年（二〇〇五）から安全祈願などの各行事が八年がかりで進められてきた。費用については三三〇億円にのぼり、このうち一二〇億円は崇敬者の寄付により賄《まかな》われる。なぜそうまでして大規模な遷宮を行なわなくてはならないのだろうか。

その理由としてはまず、建物の老朽化という現実的な問題がある。風雨に晒《さら》される以上、建物の傷みは年々進むのを避けられない。そのため、耐用年数を考慮した結果ともいわれている。さらに職人間の技術の継承も理由のひとつとされる。二十年に一度の建て替えを行なうことで、師の技術を次世代を担う弟子へと伝えていく目的もあるのだという。

そしてもうひとつ、神道の思想からは、神の霊力を甦らせるという狙いがある。建物を新しく作り変えることによって、神威の再生を促し、若々しい霊力を取り戻すのである。

◉リサイクルされる神社の柱

一新する建物の木材は、内宮のほとりを流れる五十鈴川《いすずがわ》上流にある宮域林から供給される。元々材木は自然林であった宮域林から供給されたが、鎌倉時代以降、檜の良材がとれなくなり、美濃の山や木曽から賄うようになった。そこで大正時代に宮域林に檜の人工林を育成し、六二回の遷宮では、木材の一部を七百年ぶりに宮域林から採取した。また、解体された旧社殿の材木のなかで、使用に耐えるものは他の神社の材木に再利用されている。

全国各地にある天岩戸、いったいどれが本物？

天岩戸

太陽神である天照大神《あまてらすおおみかみ》は、高天原《たかまのはら》の主宰神にして皇室の祖先神でもある。天照大神に関する神話のなかでも、最も有名なエピソードといえば、やはり天岩戸神話《あまのいわと》であろう。

弟・素戔嗚尊《すさのおのみこと》の蛮行に怒った天照大神が、天岩戸に籠ったために、世界は闇に包まれてしまう。そこで八百万《やおよろず》の神々は智恵を働かせ、岩戸の前で祭りを行なった。天鈿女命《あめのうずめのみこと》が桶を伏せて踊ったところ、この騒ぎを怪訝《けげん》に思った天照大神が岩戸をわずかに開いた。そこへすかさず手力雄神《たぢからおのかみ》が天照大神の手を取って岩屋から引き出したため再び地上に光が戻った、というものだ。その後岩戸は、天児屋命《あめのこやねのみこと》と太玉命《ふとだまのみこと》によって注連縄《しめなわ》が張り渡され、封印されたという。

この天岩戸神話は、『日本書紀《にほんしょき》』のほかに『古事記《こじき》』などにもほぼ同じ内容で記載され、一般に皆既日食に着想を得た太陽信仰を反映する神話とされる。

岩戸伝説の地

この伝説の舞台について、西日本各地に天岩戸の伝承地が点在している。

最も有名なのは、宮崎県高千穂町《たかちほまち》の「天岩戸神社」だ。この神社の御神体は、天照大神が籠ったという天岩戸そのものである。天岩戸と言われる洞窟は、天岩戸神社西本宮拝殿から岩戸川を挟んだ対岸に位置している。そこは禁足地《きんそくち》となっており、神職といえども立ち入ることは出来ないのだという。さらに、この天岩戸の近くには、神々が天照大神を連れ戻す方法を相談した「天安河原《あまのやすかわら》」や、天鈿女命が手に持って踊ったと言われる「招霊の木」など、天岩戸伝説に関する重要な遺物が多く残っている。

宮崎県以外には、元伊勢三社のひとつである京都府の「皇大神宮」や三重県の「恵利原の水穴」、奈良県の天香久山《あめのかぐやま》南麓にある「天石立神社」などがある。沖縄県の伊平屋島の「クマヤ洞窟」は、数ある天岩戸候補のなかでも最南端の地にあるものだ。

長野県長野市にある「戸隠神社《とがくし》」は、手力雄神をはじめ天岩戸関係の神々を祀っている。これは手力雄神が投げ飛ばした天岩戸が飛んできて、戸隠山となったと考えられているからだ。また千葉県の「坂戸《さかど》神社」にも、飛んできた天岩戸のかけらが伝わっている。

ではいったいどれが本物の天岩戸なのか……。

実は答えは出ていない。神話においても明確に場所が記されておらず、はっきりしない。いずれにせよ、日本人の天岩戸信仰に対する強いこだわりがうかがえる。

全国の主な天岩戸伝承地

クマヤ洞窟
(沖縄県平屋村)
戸隠神社
(長野県長野市)
戸隠山は、岩戸が飛んできて山になったものとされ、神社では手力雄神が祭神として祀られている。
白鬚神社
(滋賀県高島市)
皇大神宮
(京都府福知山市)
坂戸神社
(千葉県袖ヶ浦市)
茅部杜の山の上
(岡山県真庭市)
二見興玉神社
(三重県伊勢市)
天石立神社
(奈良県奈良市)
恵利原の水穴
(三重県志摩市)
天の岩戸神社
(徳島県つるぎ町)
天岩戸神社 (宮崎県高千穂町)
八百万の神々が集った天安河原も伝わる。天岩戸が神社の御神体となっており、拝殿裏手から遥拝することができる。

天岩戸の伝承地は、宮崎県高千穂町の天岩戸神社が有名であるが、じつは日本全国各地に伝わっている。

新嘗祭と大嘗祭ってどう違うの？

毎年十一月二十三日は勤労感謝の日で祝日である。これは勤労を尊び生産を祝い、国民が互いに感謝しあう日とされているが、この日のちょうど二か月ほど前、天皇陛下が稲刈りをされる姿が新聞の一面を飾る。皇居内の水田でその年の五月に植えた稲穂を刈り取られるのである。

そして十一月二十三日である。この祝日は戦前から続くもので、かつては「新嘗祭《にいなめさい》」と呼ばれていた。

現在も続く国家の重要な祭祀が行なわれる日で、瑞穂《みずほ》の国を司る天皇が、国民の代表としてその年の収穫の恵みに感謝し、神々とともに新穀《しんこく》を共食する神事が行なわれる日なのである。

自然を重視し、季節ごとに自然の恵みを祈り、感謝する祭りを行なう日本にあって、宮中でも二月の祈年祭《きねんさい》、一〇月の神嘗祭《かんなめさい》、そして十一月の新嘗祭という形で季節ごとに農耕にまつわる神事が丁寧に執り行なわれる。

とくに新嘗祭は皇室の数ある行事のなかでも最重要の祭事とされる。天皇陛下自らが営まれる収穫感謝の大祭で、その起源は天照大神が瓊《に》瓊杵尊《にぎのみこと》に斎庭《ゆにわ》の稲穂を授けたという神話にまで遡り、歴史的にはおそらく稲作文化が始まったのと同時に開始されたとみられる。

では新嘗祭はどのように神に奉仕するのかというと、それは祭りの名から浮かびあがる。「にいなめ」は古語の「ニヒアヘ」が転訛《てんか》したものと伝えられ、「ニヒ」は新穀または供え物、「アヘ」はもてなしをさし、新穀でのおもてなしという意味と伝えられる。天皇が神とともにその年にとれた新穀をいただく「神人共食」によって、神に収穫を感謝し、新たな霊力をいただくという儀式でもある。

現行の新嘗祭は、二十二日の夜、宮中三殿の一つ賢所《かしこどころ》の奥にある綾綺殿《りょうきでん》にて天皇の御衣

年間の主な宮中祭祀

※（行）は行事、（小）は小祭、（大）は大祭の略。宮内庁ホームページを参考に作成。

月日	祭儀
1月1日	四方拝《しほうはい》（行）
	歳旦祭《さいたんさい》（小）
1月3日	元始祭《げんじさい》（大）
1月4日	奏事始《そうじはじめ》（行）
1月7日	昭和天皇祭（大）
	皇霊殿御神楽《こうれいでんみかぐら》
1月30日	孝明天皇例祭（小）
2月11日	臨時御拝《ぎょはい》
2月17日	祈年祭《きねんさい》（小）
春分の日	春季皇霊祭（大）
	春季神殿祭（大）
4月3日	神武天皇祭（大）
	皇霊殿御神楽
6月16日	香淳皇后例祭《こうじゅんこうごう》（小）
6月30日	節折《よおり》（行）
	大祓《おおはらい》（行）
7月30日	明治天皇例祭（小）
秋分の日	秋季皇霊祭（大）
	秋季神殿祭（大）
10月17日	神嘗祭《かんなめさい》（大）
11月22日	鎮魂の儀
11月23日	新嘗祭《にいなめさい》（大）
12月中旬	賢所御神楽（小）
12月23日	天長祭《てんちょうさい》（小）
12月25日	大正天皇例祭（小）
12月31日	節折（行）
	大祓（行）

を振り動かす鎮魂の儀から始まる。それによって天皇の活力を再生し、御魂を鎮める。そして二十三日の夜、神嘉殿《しんかでん》において夕《ゆうべ》の儀（六時～八時）、暁《あかつき》の儀（十一時～翌日一時）が執り行なわれる。

準備された神饌などは掌典たちにより運ばれる。その中心は新穀の米と粟とを蒸したご飯と炊いたお粥、新米で作った白酒と黒酒である。この米の一部は天皇自らが御田で育てて刈り取ったものが用いられ、魚類や果物も供えられる。

儀式においては、天皇自らが神座の前に神饌《しんせん》を一品ずつ供えられ、天照大神や天地の神々に五穀の豊穣を感謝される。

ついでお供えの神饌の一部、新穀などを神からの賜りものとして召し上がる神人共食が行なわれる。

天皇の即位に伴い行なわれる大嘗祭

このように毎年取り行なわれる新嘗祭に対し、天皇が即位した年の最初に行なわれる大規模な新嘗祭が「大嘗祭」である。訓よみして「おおにえのまつり」とも呼ばれる。皇位継承の一世一代の儀式で、『神道大辞典』には国家第一の祭祀と規定されている。

新嘗祭との大きな違いは神饌の新穀にある。かつて新嘗祭は官田で収穫されたものを供

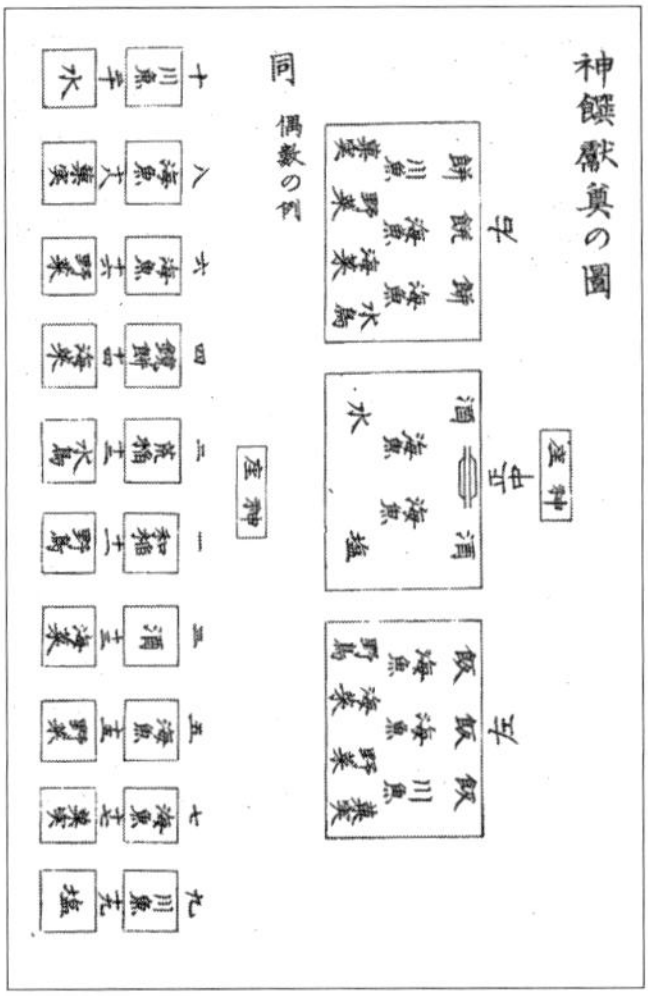

『神職宝鑑』に示される神饌の内訳（右）。新嘗祭では、宮中の神嘉殿において伊勢神宮が鎮座する南西方向に向かって、左図のように神饌が並べられる。

えたが、大嘗祭の場合は占いで新穀を収穫する悠紀《ゆき》国・主基《すき》国を選び、その両国で育てられ収穫されるものを用いる。また大嘗祭では常設の神嘉殿ではなく大嘗宮を建設して、新嘗祭の倍の四日間の日程で催される。

じつはこの大嘗祭の本義は天皇としての霊威を受け継ぐ儀式でもある。天皇は皇御孫命《すめみまのみこと》と呼ばれる。皇御孫命とは、天照大神の孫にあたる瓊瓊杵尊のことで、その祖神と同格のご存在と考えられたのだ。

瓊瓊杵尊は稲の神であり、天孫降臨を果たした日嗣《ひつぎ》の御子でもある。即位は豊かな瑞穂の国の象徴であり、この大嘗祭によりその霊威を得たことを意味していたのである。

日本で最も多い八幡宮はいったい誰が広めたの？

八幡宮

全国各地どこへ行っても「八幡さま」と親しまれている神社を目にすることが多い。それもそのはずで、八幡社、八幡宮など、八幡神を祭神とする神社は、全国に七八一七社存在している。その総本社は大分県の宇佐八幡宮《うさはちまんぐう》である。

もともとは宇佐氏、大神氏《おおみわし》、来嶋氏《きじましし》といった北九州の在地豪族が信仰した神と、外来の信仰が結びついて生まれた神と言われるが定かではない。また、海外から移り住んだ鍛冶《かじ》の技術者の氏神《うじがみ》という説もある。

宇佐八幡宮の社伝によると、欽明《きんめい》天皇三十二年（五七一）に「自分は誉田天皇《こんだのすめらみこと》広幡八幡麿《ひろはたやはたまろ》であり、仏教の菩薩《ぼさつ》である」と称して子供の姿で現われたとあり、誉田天皇とは応神《おうじん》天皇であることから、八幡神と皇室が結びつくこととなった。

応神天皇は第十五代の天皇で、中国や朝鮮半島からの渡来人《とらいじん》を多く受け入れて外来文化を積極的に導入し、日本文化の礎を築いた天皇として知られている。その母は朝鮮半島に遠征したといわれる神功皇后《じんぐうこうごう》である。

全国の主な八幡宮

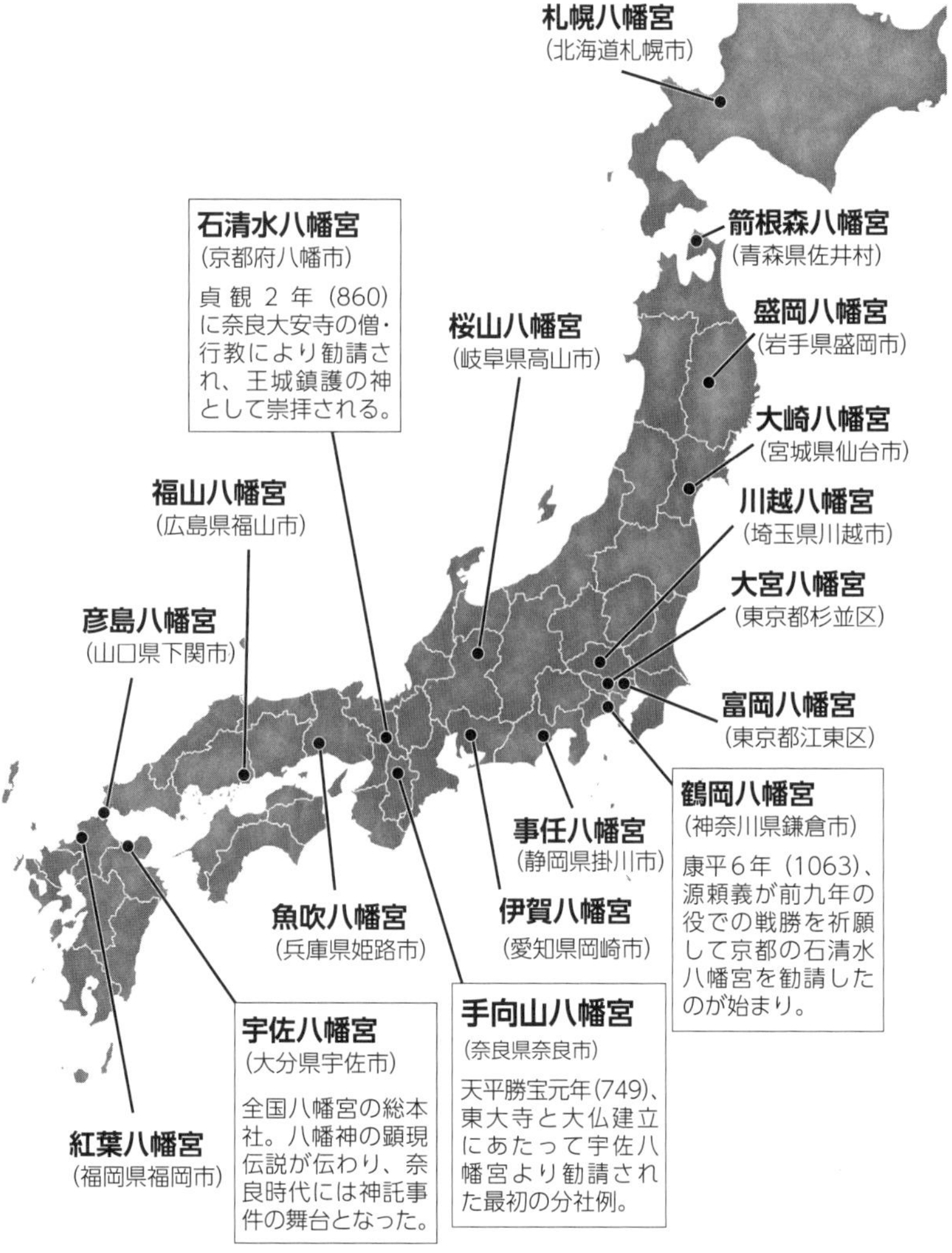

札幌八幡宮
（北海道札幌市）
石清水八幡宮
（京都府八幡市）
貞観２年（860）に奈良大安寺の僧・行教により勧請され、王城鎮護の神として崇拝される。
箭根森八幡宮
（青森県佐井村）
盛岡八幡宮
（岩手県盛岡市）
桜山八幡宮
（岐阜県高山市）
大崎八幡宮
（宮城県仙台市）
福山八幡宮
（広島県福山市）
川越八幡宮
（埼玉県川越市）
大宮八幡宮
（東京都杉並区）
彦島八幡宮
（山口県下関市）
富岡八幡宮
（東京都江東区）
鶴岡八幡宮
（神奈川県鎌倉市）
康平６年（1063）、源頼義が前九年の役での戦勝を祈願して京都の石清水八幡宮を勧請したのが始まり。
事任八幡宮
（静岡県掛川市）
魚吹八幡宮
（兵庫県姫路市）
伊賀八幡宮
（愛知県岡崎市）
宇佐八幡宮
（大分県宇佐市）
全国八幡宮の総本社。八幡神の顕現伝説が伝わり、奈良時代には神託事件の舞台となった。
手向山八幡宮
（奈良県奈良市）
天平勝宝元年(749)、東大寺と大仏建立にあたって宇佐八幡宮より勧請された最初の分社例。
紅葉八幡宮
（福岡県福岡市）

そうした八幡神を朝廷は王城鎮護の守護神として伊勢神宮と並んで篤く崇敬した。

八幡神に対する信仰が全国的な広がりを見せた背景には二段階にわたる勧請《かんじょう》の歴史がある。まず畿内進出のきっかけとなったのが、天平勝宝《てんしょうしょうほう》元年（七四九）、聖武天皇による東大寺大仏建立の際のこと。八幡神は大仏建立を助ける神託を下し、金銅の鳳凰《ほうおう》をつけた輿に乗って入京。転害門《てがいもん》を通って東大寺境内に隣接する、手向山《たむけやま》に勧請された。天応元年（七八一）には「八幡大菩薩」の称号も与えられて、仏教を保護する神となった。

武神としても敬われた八幡様

八幡信仰が全国的な広がりを見せるのは中世のことである。

平安後期、武家の棟梁《とうりょう》であった源氏《げんじ》がこの八幡神を氏神としたことから、弓矢、武道の神様、軍神としての性格も帯びるようになり、武家を中心に篤く信仰されるようになったのだ。とくに河内《かわち》源氏の源頼義《よりよし》の子・義家《よしいえ》が石清水《いわしみず》八幡宮の前で元服して八幡太郎と名乗り、八幡宮が頼義によって鎌倉へと勧請されたのが、重要な分岐点となる。

やがて十二世紀末、源頼朝によって鎌倉幕府が開かれると、幕府に任命された守護・地頭《じとう》によって八幡神社が全国に勧請されていった。後世には足利《あしかが》氏や徳川氏も八幡神を氏神としたため、武家の守護神として全国各地に信仰が広がったのである。

伊勢信仰

江戸時代にお蔭参りが流行った理由は？

平成二十五年（二〇一三）に遷宮を行ない話題となった伊勢神宮は、皇室の祖先神である天照大神を祀り日本で一番格式の高い神社である。その伊勢神宮に参拝することをお伊勢参りといった。とくに江戸時代には六十年周期で伊勢参詣ブームが起きたという。

もともと伊勢神宮は私幣《しへい》禁断と言って天皇以外の祈りを禁じ、天皇が国家国民の平安を祈った神社であった。しかし時代が下ると次第に緩和され、中世になると各地で伊勢信仰を広めた御師《おし》の活躍もあり、庶民の間でもお伊勢参りが盛んになった。

この御師とは神宮に属する神職で、各地を回ってお札を配ったり、祈祷をしたりして伊勢参拝の効験を説いて回り、参拝する人の旅の手配などのお世話役も果たした。

六十年に一度起こった伊勢参りブーム

とくに江戸時代には、社会が安定して交通網の整備が進み、道中の安全が確保され、旅行ブームの素地ができた。それに御師という参詣案内人の手配が加わることでお伊勢参りが庶民の間でも流行を始めた。人々は一生に一度はお伊勢参りをしたいと願ったという。

その伊勢参りは主に伊勢講《いせこう》で行なわれた。伊勢講では共同体で資金を積み立て、くじで何人かの参拝者が決められた。このようにあらかじめ準備をして参拝した伊勢講に対し、準備をすることのない突発的な参詣が起こった。これをお蔭参りという。式年遷宮の前後などに日本各地に伊勢参詣ブームが広がり、社会現象のように群集が伊勢に押し寄せた。

慶安三年（一六五〇）を皮切りに、ほぼ六十年周期でブームが到来したという。宝永《ほうえい》二年（一七〇五）には三六二万人、明和《めいわ》八年（一七七一）には二〇七万人、文政十三年（一八三〇）には四二七万人もの人が参詣に押し寄せたと伝えられる。このブームが起こると、街道沿いでは施しが行なわれて伊勢参りの参拝者たちを支えた。

ほかにも店の主人や親に無断で伊勢へ参詣する「抜け参り」もあった。
これを咎《とが》めると神罰が下ると

江戸時代のお蔭参りの賑わいを描いた『伊勢参宮・宮川の渡し』（歌川広重筆）。

いわれており、帰郷後も叱られることはなかったという。

伊勢参詣には、じつは参詣以外の楽しみもあった。伊勢神宮の周りには芝居小屋や遊郭などの娯楽施設も多く建ち並び、参拝を終えた後、精進落しといってこれらの施設に立ち寄ることも多かったのだ。

またご当地うどんとして知られた伊勢うどんを食したり、参詣土産として知られた萬金丹（胃腸薬）を購入したりと観光気分も味わった。

そのため伊勢参りは日本で最初の観光旅行とも言われている。

どうして道の悪い熊野に多くの人がお参りに行ったの？

熊野信仰

平成十六年（二〇〇四）に世界遺産に登録された熊野三山と熊野参詣道。熊野三山とは和歌山県にある熊野本宮大社《くまのほんぐうたいしゃ》、熊野速玉大社《くまのはやたまたいしゃ》、熊野那智大社《くまのなちたいしゃ》の総称である。ただし熊野の地は紀伊半島のほぼ南端にあり、深い山に囲まれた交通の便の悪い場所である。

このように不便な場所であるにもかかわらず、熊野には古くから「蟻《あり》の熊野詣」と呼ばれるほど多くの人が参拝に押し寄せていた。

延喜《えんぎ》七年（九〇七）に行なわれた宇多《うだ》上皇による熊野御幸をきっかけに、皇族の熊野参詣が始まると、平安後期には、千名近い行列を引き連れて参詣するまでになった。白河《しらかわ》上皇が寛治《かんじ》四年（一〇九〇）に御幸した折に、大坂を経て和歌山に入り、田辺《たなべ》から中辺路《なかへじ》を通って熊野へと至る道が整備されると、この道を通る参詣者が増加する。これが熊野古道の始まりである。やがて武士、さらには庶民にも熊野詣が広まり、ぞろぞろと山中を歩く様子が「蟻の熊野詣」と呼ばれるまでになったのである。

熊野詣は、物見遊山《ものみゆさん》ではなく、真剣な霊場巡りと温泉治療に訪れる人が大勢を占めた。

熊野古道と熊野三山

熊野本宮大社
空海が密教の道場として開いた聖地。金剛峯寺や、空海が現世に止まり人々を見守るとされる奥ノ院がある。
役行者によって開かれた修験道の聖地。
窪津
難波
堺
吉野
五條
高野山
北山街道
十津川街道
大峯奥駈路
小辺路（高野街道）
伊勢路（東熊野街道）
伊勢神宮
長島
尾鷲
藤代
皇祖神・天照大神を祀る日本で最も格式の高い神社。
中辺路
熊野本宮大社
紀伊路
白浜
田辺
熊野三山
熊野速玉大社
大辺路
熊野那智大社
熊野那智大社
熊野速玉大社

熊野三山のほかにも、紀伊半島には吉野、高野山といった霊場があり、隣国伊勢には伊勢神宮がある。これらは参詣道で連結され、多くの参詣者が往来した。

しかも参詣道が拓かれたとはいえ、山道を延々と歩かねばならず、伊勢街道が東海道に接続する伊勢とは交通の面でも比べ物にならない。にもかかわらずなぜ多くの人々が参詣に訪れたのだろうか。

熊野信仰の高まり

熊野が神聖な地とされたのは、熊野灘《くまのなだ》に面したこの地が古くから異界への入口、死者の国というイメージを持たれてきたからである。その証に、『日本書紀』では、天照大神の母神の伊弉冉尊《いざなみのみこと》がこの熊野の地に埋葬されたと記されている。

やがてこの険しく神聖な山中を山伏《やまぶし》たちが修行の場に選ぶようになり、修験道の修行場となった。そのため本宮（本宮大社）、新宮《しんぐう》（速玉大社）、那智（那智大社）はそれぞれ阿《あ》弥陀如来《みだにょらい》、薬師如来《やくしにょらい》、千手観音菩薩《せんじゅかんのんぼさつ》を本地仏《ほんじぶつ》とし、三山を一体化してそれぞれに他の二神も勧請して三所権現《さんしょごんげん》と称するようになった。権現とは「仏が権《か》りに神として現われた」という意味で、神仏習合の最たる例といえる。

やがて紀伊の修験者たちが熊野三山の効験を広め、さらに平安時代に浄土信仰が流行すると、那智が観音の補陀落浄土《ふだらくじょうど》、新宮が薬師如来の東方瑠璃光浄土《とうほうるりこうじょうど》と目されるようになり、熊野こそが現世の極楽浄土として一気に参詣者が増えたのである。

どうして近所にある神社のお祭りに寄付や奉仕をしなくてはいけないの？

氏神

住んでいる地域の神社で催される祭りや行事のために、寄付や奉仕を求められることがあるはずだ。それはそのご近所の神が地域を守る神であり、そのご加護を確かなものにするために祭りや行事を行なうからである。個々の人々が暮らすそれぞれの地域の神社を氏神《うじがみ》といい、その神社周辺に住む人を氏子《うじこ》という。氏神は氏子に加護を与え、災厄を取り除く。それに対し氏子は氏神を祀り、その祭祀を行なうのである。

氏神とはもともとは同一の血縁集団が共同で祀った守り神、・祖先神を意味する存在だった。古代では氏族ごとに集落を作って生活をしていたので、神社を創建すれば氏族の神として氏神となり、その氏族の人々は氏子となったのである。

そのため氏子が繁栄するとその守り神である氏神も隆盛を極めた。たとえば藤原一族の氏神である春日大社《かすがたいしゃ》が最たる例だ。藤原氏《ふじわらし》は中臣鎌足《なかとみのかまたり》が藤原の姓を賜り、平安時代には天皇の外戚《がいせき》となって権勢を振るった。それとともに春日大社に祀られている天児屋命《あめのこやねのみこと》や武《たけ》甕槌神《みかづちのかみ》などが神話世界でも重要な役割を与えられる神となったという説もある。

この他にも平清盛《たいらのきよもり》は厳島神社《いつくしまじんじゃ》を氏神とし、清和源氏は石清水八幡宮を氏神として祀った。これらは両氏の起源とは直接関係のない神だが、一族の加護を願い氏神にしたものである。前社は平家一門の寄進を受けて大社へと成長し、後者は武家の棟梁の源氏の氏神として全国へと勧請されていった。

血縁の神から土地の鎮守へ

氏神はもともと「血」によってつながる集団の間で祀られていたが、時代が下ると各地域には異なる氏族の者も住むようになった。さらに戦国動乱期、武士が本拠地から遠くに領地を得て移動するなど人々の移動も多くなり、全国に分散していった。また庶民らも自分たちで地域の神を祀り、鎮守社と頼むようになった。

こうして氏族ごとに集落を作って住むことも減り、氏族を守る氏神としての意味が薄れていった。そうした過程のなかで氏神は氏族ではなく、その土地を守る神へと変貌した。

移住した人々は新しい地と生まれた地を両方に祀らねばならなくなったため、生まれた場所の神を産土神《うぶすながみ》、現在居住している場所の神を氏神と呼んで区別するようになった。

産土とは出生地の意味で、土地の鎮守社を自分の守護神と信仰したのである。ただし、現在では混同されて使われることも多い。

氏神観の変化

中世以前

中世以前の日本人は、同族が集まって村落を作ることが多く、他村落との移動も少なかった。そのため、村落内で共通の氏神を崇めていた。

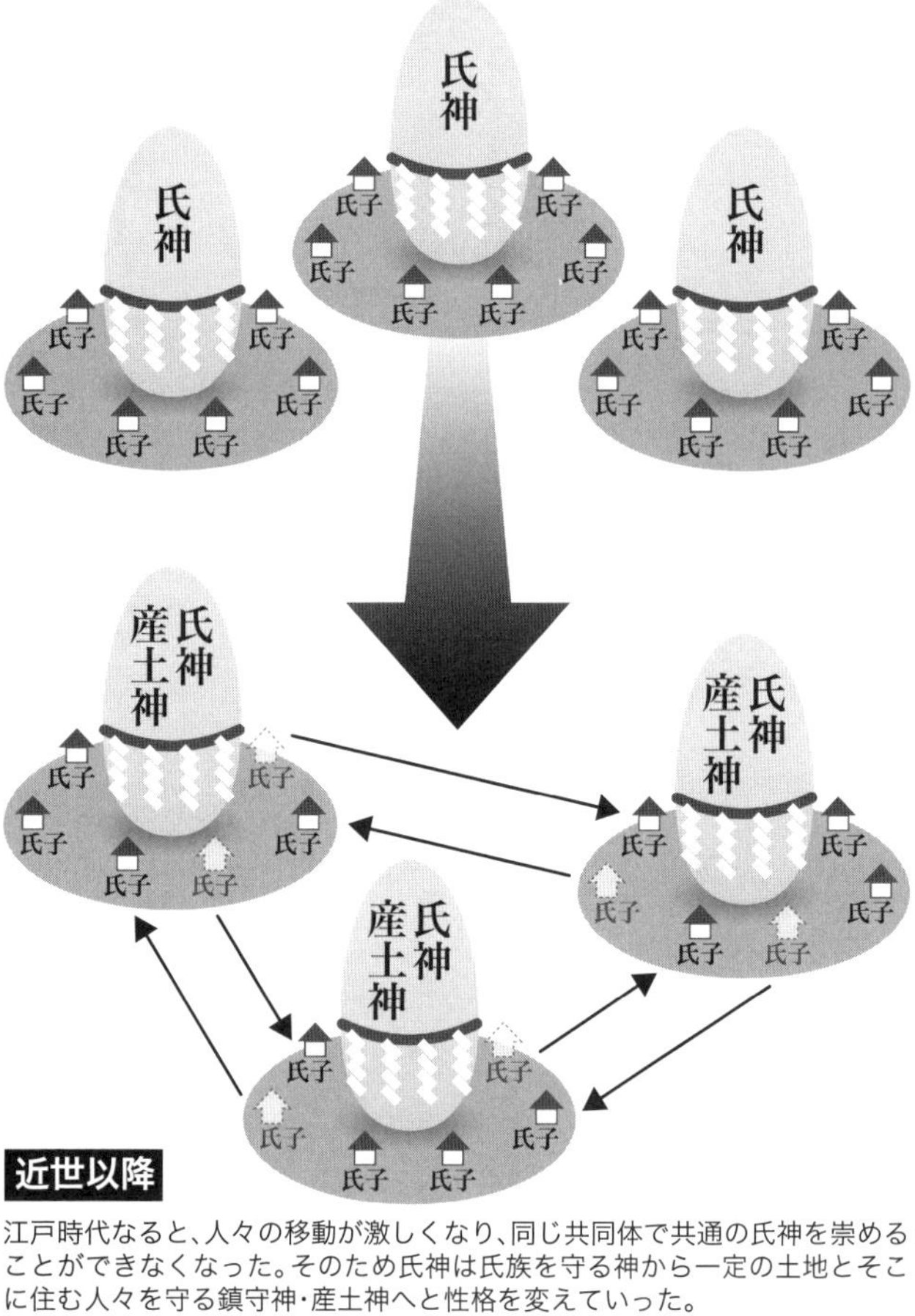

近世以降

江戸時代なると、人々の移動が激しくなり、同じ共同体で共通の氏神を崇めることができなくなった。そのため氏神は氏族を守る神から一定の土地とそこに住む人々を守る鎮守神・産土神へと性格を変えていった。

言霊と祝詞

祝詞はいったい誰が考え、何を奏上しているのか？

神社でのお祓いや結婚式、家を建てるときの地鎮祭《じちんさい》などさまざまな行事で、神主《かんぬし》が「かけまくもかしこき……」など抑揚をつけ、語尾をのばす節回しで神様に言上しているのを耳にするだろう。これは神に申し上げる言葉で、祝詞《のりと》という。祝詞という名称は、本居宣長《もとおりのりなが》によって神に申す言葉「宣説言《のりときごと》」の省略形と解釈されている。また、本来は神々が巫女《みこ》などのシャーマンを通して人に伝える神意を意味していたともいう。

その歴史は古く、現存最古の祝詞は、平安時代の『延喜式《えんぎしき》』に収録されている朝廷の祭祀で使われたもの。その文体が現在でも規範にされている。

現在、神社では数多くの祝詞が奏上されているが、その種類は神社の例祭《れいさい》、祈年祭《きねんさい》などの恒例祭で奏上されるものと、神事ごとに作成されるものに分けられる。

恒例祭の祝詞は地域社会の繁栄などを祈るもので、冒頭から結びまでが定型化されている。神事ごとに作成される祝詞は、地鎮祭や結婚式など個人の祈願に関わるものが大半だ。こちらは祈願の内容に応じて、神主がその都度考えて祝詞を作文する。

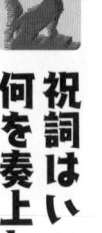

祝詞の構成─『日供祭詞』より

掛けまくも畏《かしこ》き○○神社の
大前《おおまえ》に恐《かしこ》み恐みも白《もう》さく、
今日の朝日の豊栄登《とよさかのぼ》りに、
日別《ひごと》の御食《みけ》つ物奉《ものたてまつ》りて
拝《おうが》み奉る状を、平《たい》らけく
安らけく諾《うべな》い聞し食して、
天皇《すめらみこと》の大御代を弥遠永に
立ち栄え奉らしめ給い
御氏子崇敬者を始め、
遍《あまね》く世の人々が負持つ
職業《わざ》に勤み励みつつ、
家門《いえかど》安く穏いに身健に、
心正しくあらしめ給い、
守り恵み幸《さきわ》え給えと、
恐み恐みも白す。

※本庁例文より

冒頭部
神の名を唱え、これから神に述べることを唱える箇所。

中心部
神社の縁起や祭神の縁起、祈願者の名前や祈願の内容などが述べられる。

結び
「以上を謹んで申し上げる」という意味の結びの言葉。

『延喜式』の主な祝詞

祈年祭	祈年祭で読まれる祝詞
春日祭	藤原氏の氏神である春日大社の祭祀で奏上された祝詞
龍田風神祭	龍田神社の祭神・天之御柱命と国之御柱命に捧げる祝詞
六月月次	六月の月次祭で奏上される祝詞
大殿祭	新嘗祭・神嘗祭の前後に行なわれる大殿祭で忌部氏が奏上する祝詞
鎮火祭	宮城（皇居）の防火のために称えられる祝詞
大嘗祭	新嘗祭で称えられる祝詞
遣唐使時奉幣	遣唐使が住吉から出港する際に奏上した祝詞
出雲国造神賀詞	出雲国造が皇室に対する忠誠を誓うために奏上する祝詞

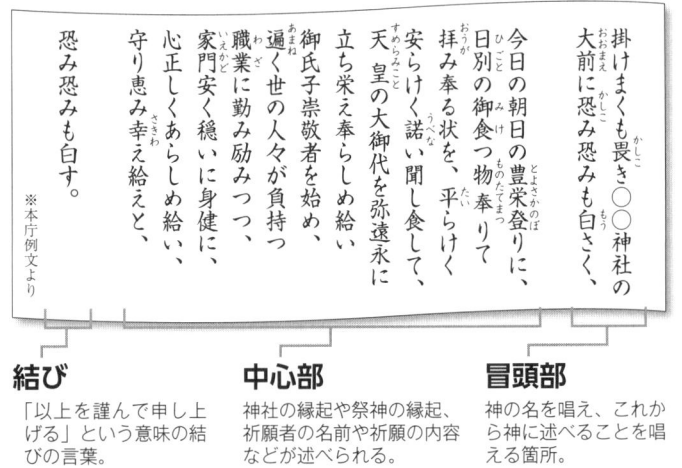

では神職の人たちは一体祝詞で何を申し上げているのかというと、その内容は神威をたたえ、日頃のご加護に感謝して、個人の幸福または社会の安泰などを願うものである。

祝詞の文体は、平安朝の大和言葉で書かれており、『延喜式』の祝詞には「宣《の》る」で終わる宣読体と、「白《もう》す（申す）」で終わる奏上体がある。前者は上の者から下の者に宣り聞かせるもので、朝廷から神社や神職に伝えるものとして用いられた。奏上体は、直接神に申し上げるもので、下の者から上の者へ申し上げる体裁を取る。人から神々に奏上するのである。

言葉が霊力を持つと考える言霊信仰

祝詞が伝えられてきた背景には「言葉に発すればその内容が成就する」という日本の「言霊《ことだま》信仰」がある。『万葉集《まんようしゅう》』にも「大和は言霊の助くる国」とあるように、人の発した言葉には霊力が宿り、その霊力が働いて言葉を実現させると信じられていた。

そのため良い言葉、めでたい言葉を口にすればよい結果が生まれ、不吉な言葉を口にすれば凶事を呼び込むとされていた。不吉な言葉を言い換える忌詞も作られたのもこの信仰のためである。そして祝詞は神に申し上げる神聖な言葉であり、言霊の霊力によって災いを祓《はら》い、福を招くとも信じられたのである。

分祀

どうしてあちこちに同じ名前の神様がいるの？

神社は全国津々浦々、小さな集落にも必ず一社はある身近な存在だ。全国では八万社以上あるとされるが、小さな祠、個人の社なども入れるとじつに一〇万社以上もあるとされる。

これは今や田舎でも多く見かけるようになったコンビニの約五万店という数字より多く、神社の数がいかに多いかがわかる。

そうした神社を一覧してみると、「〇〇稲荷神社」「〇〇八幡神社」「〇〇天満宮」など同じ名前を持つ神社が多いことに気付く。これは同じ神様を祀っているからである。

たとえば大分の宇佐八幡宮を本社とする八幡社は、石清水八幡宮、鶴岡八幡宮など、全国に約七八一七社あるとされ、そのほとんどで応神天皇とその母の神功皇后を祭神としている。

しかしその神自身は一柱しかいないのに、多くの神社が同じ神を祀って大丈夫なのだろうか。

じつは日本の神様は無数に分霊することが可能で、それぞれ機能も同じ霊力を分け与えられるという性質を持っている。

つまり神様の霊はろうそくの火をほかのろうそくに移すように、いくつも分け与えられ、その神徳も変わらないと考えられたのである。

このように神様の御霊《みたま》を分けてもらい、新たに神社を創建することを分祀、または勧請という。

◐分祀によって伝播した神

特定の神を信奉する氏族集団が地方に移住して故里から神霊を迎えるなどした場合があり、いくらでも分祀できた。

とくに中世以降、霊験の高い神様が各地に次々に分祀され、今ではひとつの神社で二～三の複数の神を祀るのが普通の状態となった。たとえば土地の神が祀られていたところへ、全国的に有名な八幡神や稲荷神を迎えたというケースも多い。中心の神は主祭神と呼ばれ、なかには素戔嗚尊と菅原道真という全く関係のない有名な神を相殿神としてあわせて祀る神社もあるという。また、かつて小さな神社を合祀したため、複数の神社が同一の社殿で祀られるようになったからでもある。

日本の神社が祀る神々

神社の種類	信仰の種類	祭神	神社数
八幡宮、八幡神社	八幡信仰	八幡神（応神天皇、神功皇后）	7817社
神明神社	伊勢信仰	天照大神	4451社
天満宮・天神社	天神信仰	菅原道真	3953社
稲荷大社・稲荷神社	稲荷信仰	宇迦之御魂神	2924社
熊野大社・三熊野神社	熊野信仰	素戔嗚尊、伊弉諾尊など	2693社
諏訪大社・諏訪神社	諏訪信仰	建御名方神	2616社
八坂神社	祇園信仰	素戔嗚尊	2299社
白山比咩神社・白山神社	白山信仰	白山比咩神大神（菊理媛神）	1893社
日吉神社・日枝神社	日吉信仰	大山祇神	1724社
山神社など	山神信仰		1571社
春日大社・春日神社	春日信仰	武甕槌神、天児屋命	1072社
愛宕神社	愛宕信仰	伊弉諾尊、火産霊命など	872社
三島神社・大山祇神社	三島・大山祇信仰	大山祇神、事代主神	704社
鹿島神宮・鹿島神社	鹿島信仰	武甕槌尊	604社
金刀比羅宮	金比羅信仰	金毘羅大権現	601社

四股

災害のあと、なぜ被災地に力士が慰問にやってくるのか？

災害が起こるとよく大相撲の力士が慰問《いもん》に訪れる。平成二十八年（二〇一六）四月の熊本地震などで力士が被災地を訪れ、巡業を行なったことは記憶に新しい。また、同年八月には白鵬関《はくほうぜき》と日馬富士関《はるまふじぜき》が宮城県において、被災地支援として「復興横綱土俵入り」を行なって両横綱が豪快に四股を踏んだのを覚えている人も多いだろう。その背景には脈々と受け継がれる神道の思想がある。

力士が四股、すなわち土俵を大きく踏みしめる行為には、地の神を鎮める力があり、また、大きく両手を広げる動作には邪気を祓う力があるとされるからである。

相撲は今や国技とされるスポーツだが、もともとは神道行事である。その起源は古く、野見宿禰《のみのすくね》と当麻蹴速《たいまのけはや》が第十一代垂仁《すいにん》天皇の前で行なった角力《かくりき》にあるとされ、勝負に勝った野見宿禰が相撲の祖神となった。

歴史的には古墳時代から神事として行なわれていたようで、四股《しこ》を踏み、悪霊を踏みしめる呪術的な舞が源流にあるという。やがてそれに対抗する役が加わり、両者が争うまねをする舞から相撲が発展したとされる。奈良時代の頃には農耕儀礼のひとつとなり、勝敗によってその年の豊作を占う神事相撲が行なわれるようになった。宮中でも、各地の力自慢が呼ばれて東西に分かれて豊作を占った「相撲節会《すまいのせちえ》」が行なわれた。並外れた肉体は霊力を持つと信じられていたのである。

◐横綱は霊力を発揮する存在

このように相撲の起源は神事にあることから、相撲の所作には鎮魂の要素を見ることができる。前述の最初の相撲の記事が、反乱によって皇后の狭穂姫《さほびめ》ほか多くの死者が出た後に登場するのも興味深い。土俵入りの際に拍手《かしわで》を打つのは神への語りかけの儀式であり、塩をまくのは清めるためである。

横綱の存在もまた霊力を発揮する存在である。力士の化粧回しには紙垂《しで》がついているが、最も強い力士である横綱の名は、もともと注連縄《しめなわ》に由来する。また、横綱の土俵入りもこうした地固めの儀礼を受け継ぐものである。いわば、最強の力士が神に代わって土地の霊を踏み鎮めるのだ。さらに、力士に島や海、川、山など土地の名がついたしこ名が多いのも、その土地の地霊、守り神を象徴する。力士たちは一種の地域を守る守り神ともいえる存在なのである。

どうして安産祈願の神社には底抜け柄杓を奉納するの？

柄杓

医療技術が進歩した現代に比べ、昔の出産は母子ともに死をともなう危険なものであった。

そこで人々は、少しでも安全な出産となるよう神仏に安産祈願したのである。

よく知られている安産祈願の神社は水天宮《すいてんぐう》だろう。東京都日本橋の水天宮は、もともと福岡久留米の有馬家の江戸屋敷のなかにあった。祭神は『古事記』に登場する宇宙創造の神で、八百万の神々のなかでも最も早くに姿を現わした天之御中主神《あめのみなかぬしのかみ》、安徳天皇などで、江戸時代から安産の信仰がある。

その安産祈願方法は妊娠五ヶ月の戌《いぬ》の日に、水天宮に参拝し、願いを込めて腹帯を巻くのである。戌の日なのは、犬が多産であり、お産が軽いということかららしい。

ほかにも、和歌山県に本社のある淡嶋神社も安産祈願で知られている。淡島神社で祀られている淡島明神は女神であり、子授けや婦人病治癒など女性に関する霊験があるという。

柄杓に込められた願い

このうち子安神社や産泰神社などでは、底を抜いた柄杓《ひしゃく》を奉納することが多い。なぜ底が抜けているかというと、この柄杓は母体を表わしていて、底がないため水がすっと抜ける。その様子からお産もすっと抜けるように軽く済むようにとの願いが込められているのだ。

柄杓が奉納されたのは、古来、柄杓自体に呪力があると信じられていたためでもある。高知県室戸市近辺では旧盆の時、小型の竹柄杓を上下に動かすことで、精霊を家のなかに招き入れる習慣があり、柄杓には、神霊や霊魂を汲み入れる力があると考えられていた。

ここから、柄杓で人を招いてはいけない、というタブーが生まれた。

その一方で、その力が死霊や魔物から人間を守るために使われることもある。民間伝承では、海に出現する亡霊・船幽霊《ふなゆうれい》は、船乗りに柄杓を求める。もし柄杓を与えると、その柄杓で海水を船中に汲み入れ沈没させてしまう。そこで船乗りは底抜けの柄杓を与えるという。底抜けの柄杓には、亡霊を鎮める力もあるのだ。

このように柄杓には災いを排除しつつ、良き魂をこの世に戻す力がある。新たな生命をこの世に生み出す出産にふさわしい呪具であると言えよう。

入浴

なぜ日本人がきれい好きといわれるのか？

世界のなかでも最もきれい好きといわれる日本人。確かに日本人は湯をたっぷりはった風呂に入るのを好み、体をきれいに洗う。洗濯された下着や服を着るのが当たり前で、家のなか、さらには街路に面した玄関の前、広場などもきちんと掃除して清潔を保っている。

じつはこのきれい好きの精神には、神道の基本理念である「禊《みそぎ》」や「祓《はら》え」の思想が関係している。前述したように、神道では清浄を好み、不浄を最も嫌った。神様はきれいなところつまり清浄な場所に宿ると信じられてきたからである。そしてこの清浄を脅かす不浄は穢れであると考えられてきた。

「ケガレ」の語は「ケ」と「ガレ」に分かれ、ケが日常にある生命の源の霊力を意味し、そのケが枯れて生命が弱まることを「ケ枯れ」、すなわち穢れと呼んだ。穢れは人に対して病気、犯罪、天災、醜いものなど、生活を脅かす災厄をもたらすとされた。

穢れを取り除く方法

この穢れを祓う方法のひとつとされたのが水を使った禊である。

この起源は『古事記』の神話に由来する。伊弉諾尊《いざなきのみこと》は亡き妻の伊弉冉尊《いざなみのみこと》を死者の国である黄泉の国まで尋ねていくが、妻の身体は醜く変わっていた。これを見た伊弉諾尊は逃げ出し、黄泉の国の穢れを祓うために衣服を脱ぎ捨てて筑紫《つくし》の日向《ひむか》の橘《たちばな》の檍原《あわきはら》にて海に入って清浄な水に浸かり、身をすすいだ。これを禊という。

これは潮の浄化力によって身の穢れを取り払い、魂を復活させようとする行為でもある。清潔を尊ぶ気風が日本人の入浴好きに通じるのである。毎日大半の日本人は、湯に浸って一日の汗を洗い流す。

その後は心身ともにさっぱりするが、これが神道の「潔斎《けっさい》」に通じるわけである。この斎は湯とも読み、湯を用いることは清浄につながるものとして好まれた。そのため温泉も潔斎の場に用いられ、温泉によっては薬湯として神聖視されていた。

こうして流された穢れは、水に流されてやがて大海へとそそぎ、海底から伊吹戸という門を通って、根の国へと流れ込むといわれている。

すると、根の国・底の国に住む速佐須良比咩《はやさすらひめ》という神がすべての穢れをもちさすらい、消し去ってしまうという。

そして穢れを落とした人々は、清らかな心身を回復するのだ。

清めの「塩」でどうして清められるの？

塩

葬式から帰ると、玄関でお清めの塩をまいたり、嫌な客が来たら「塩をまいとけ」と言って追い返したりする。また、玄関に盛り塩をすることもあるだろう。

このようなときに塩を使うのは、塩が邪気を祓い、清めてくれるからである。なぜ塩はそのような効用を持つのだろうか。

その秘密はなんと海にある。穢れを清めるための「禊」はもともと海水で行なわれていた。これは穢れた物が川を流れて海にそそいで消えていくという考えによるものである。

実際、各地で海水に浸って身を清めるという風習が伝えられている。伊勢神宮の参拝前には宮川の河口の海に入って体を清めていたという。

伊勢の海沿いの村では毎朝海水を竹筒にくみ、神仏に供えたり、家の入口にかけたりするという習俗が伝わる地域もあった。

伊勢湾の入口の神島では宮持《みやもち》といわれる村役が、毎朝潮水をくみ、カヤのハケでふりかけて島を清めて回っていたとされる。

このように海水は邪気を祓い、穢れを清める効果があるとされ、海水で禊が行なわれていたのである。

内陸部の禊で用いられた「運べる海水」

ただし日常生活ではなかなか海水に浸かって身を清めることは難しい。また、内陸部の人々にとっては海水そのものを入手しにくい。

そのため禊には水が使われたが、一方で海からとれた塩にも同じ効用があるとして塩が代用されるようになった。塩を体に振りかけることで海水と同じように穢れを浄化することができると考えられるようになった。その結果、塩は穢れを祓う力があるとみなされたのである。

塩は人の生活に不可欠なものであり、食材の腐敗を防ぐ効果を持つことも人々が塩に霊力を感じた背景にあるようだ。

そのため塩は盛り塩のように神聖に場所から邪気を退ける、清めの塩として用いられた。また、祭場や祭具、神棚といった神様にまつわるものだけでなく、炉、竈《かまど》、井戸などまで塩で清めるようになった。

相撲の土俵などに塩をまくのもその場を清めるためである。

神社を彩る赤い色は、どうしてめでたいのか?

朱

神社の鳥居といえば朱塗りのものが多い。伏見稲荷大社の千本鳥居などはその典型例であろう。なかには厳島神社のように鳥居のみならず社殿の柱もすべて朱色に塗られているところもある。

赤い色といえばかなり目立つ。赤い鳥居がいくつも続く千本鳥居の風景は見る者に強い印象を与える。また祝いごとの赤飯、さらに還暦を迎えた時の赤いチャンチャンコなど、人生のハレの席でも赤が盛んに用いられる。その一方で青い色や黄色の鳥居は見たことがない。

これには何か理由があるのだろうか。

この赤という色はもともと火の色に由来する。

火も塩と同じく浄化の力があり、すべてを焼き尽くす火の霊力は、穢れをきれいに焼き払ってくれると考えられた。火には魔よけの力があるとされ、火の色である赤にも同様の力があるとされた。そのため祭りや祝い事には赤い小豆の入った赤飯をたくようになったのである。

同様に、神社の鳥居を朱色に塗っているのはやはり魔よけを願ったものである。神社の入口に魔物が入ってこないように封じようとしたのである。

古代より信仰されてきた「火」

一方で火は照明に使われたり、暖をとったりと人々の暮らしを向上させるエネルギー源でもある。煮たり焼いたりといった料理も火の力に頼るところが大きい。

そうした火は古代より信仰の対象となってきた。

その由来は、日本神話において伊弉諾尊《いざなきのみこと》と伊弉冉尊《いざなみのみこと》が結婚して神々を生む神生みの神話にある。伊弉冉尊は、あらゆる自然の神を生んだその最後に、火の神である軻遇突智神《かぐつちのかみ》を生んだ。ところが伊弉冉尊は出産の際、軻遇突智神の火の力により陰部を焼かれ、それが原因で命を落とすことになる。

この神話の背景には、人々が火を生活に欠かせないものとして崇めた一方で、すべてを焼き尽くすその力を恐れた心情が反映されている。人が制御できない火の威力に対する畏怖。それが火に対する信仰の原点にある。

奥に座る席が上座になっているのはなぜ？

料亭や個人宅で行なわれる宴会の席では、社会人であれば知っておくべき暗黙のマナーが存在する。「上座」と「下座」のマナーだ。

主賓やもっとも上役の人が座る「上座」、入り口に近いところが「下座」である。和室において四人で卓を囲んだ場合、奥が上座で手前が下座、横が二番目と三番目である。床の間がある場合は、その前が上座だ。

じつはこの上座、下座の並びは、神道の考え方が反映されたものだといわれている。宮中では身分を超越する天皇は南面して最奥に位置し、臣下は位階制に基づく席次が決まっていた。「位」は定められた場所に「居る」ことで「席次」を表わす言葉でもある。天皇の左（左大臣）を筆頭とし、次に右（右大臣）、以下位の高い順に臣下の貴族が並んだ。

伝統的に日本は左が上位である。左大臣の方が上位なのだ。左は東方に当たり、日の出の方向であるため、こちらが上位と考えられたのだろう。

神社の境内を思い出してほしい。一般的な神社では、鳥居をくぐると、正面中央に南面して拝殿と本殿がある。この本殿が主祭神を祀る場所だ。

左を上位とする古来のスタイルに倣った京都雛の飾り方（上）と、右を上位とする西洋の影響を受けたといわれる関東雛の飾り方（下）。

神社のなかには、主祭神以外の神様も祀るところがある。后神、子神などである。それらの神々を祀る社は、一般的には正面中央の本殿の脇に並べられる。主祭神の両脇を固めるのは后神や子神など、主祭神と関わりの深い神である。

この神道の影響を受けた席次が現代にも受け継がれ、最奥部に主賓、格の低いものが入り口近くに座るという上座・下座のマナーが形づくられたのだ。

よくお祭りでお酒が出されるけれど、神様の前で酔ってもいいの？

御神酒

神社に参拝に行くと御神酒《おみき》を振舞われることがある。しかし、神社は神様が鎮座する聖域であり、厳粛な雰囲気が漂う場である。失礼があってはいけないはずだ。はたして神様の前で酒を飲んで、酔っても大丈夫なのだろうか。

酒は古くは「キ」と呼ばれ、その尊称である「ミキ」が、祭礼や行事で供えられた。『古事記』によると酒には「クシ」という異名があり、クシは「不思議」な意の「奇《く》し」に通じている。これは古代の人々が酒に酔うと気分が高揚し、酩酊した状態になることを神秘的で、神がかりの一種と捉えていたことに由来する。

酒は大国主神《おおくにぬしのかみ》と少彦名命《すくなびこなのみこと》という二柱の神がもたらした神聖な飲み物と考えられ、神祭りのために醸造されるようになった。そのため古来日本では酒造りが神事として執り行なわれ、出来上がった酒は神をもてなすための飲み物とされた。酒は神社の祭事や宮中の祭事、家々の祭事においても、欠かせないお供えものとなってきたのである。

素戔嗚尊《すさのおのみこと》が出雲で八岐大蛇《やまたのおろち》を酔わせて退治したという神話も、もとは酒で神をもてなし、

神社に奉納された酒。日本人は米から発酵によって造られる酒に神の力を感じた。

荒ぶる神を鎮める習慣が由来だとされる。

かくして神事には欠かせないものとなった酒は、祭りに参加した人々が神前で飲むことも重要視された。この神人共食により、神のお恵みをいただくのである。

酒を飲む際に欠かせない盃も、神に通じる力を持つとされ、神事には必要な道具であった。この盃を用いて酒を酌み交わす盃事は結びつきを強めること、または逆に縁を断つという意味で用いられた。よく知られたのは結びつきを強める盃事である結婚式の三三九度だろう。一方、葬儀の出棺時に盃を割るのは、決別を表わす。

このように今では我々の生活のなかに当たり前に存在している酒だが、古くから神様と関わりの深い飲み物だったのである。

数え年

日本ではなぜ正月で全員が一斉に歳をとる数え方をしていたのか？

現代の日本では、生まれた年を〇歳とし、翌年の誕生日を迎えることで一歳となる「満年齢制」が一般的であり、法律でもそう定められている。

だが、この制度が法律によってはっきりと推奨されたのは昭和二十五年（一九五〇）からであり、意外と最近のことなのだ。

それまでの日本では誕生した年を一歳と数える「数え年」が一般的であり、現在でも六十一歳の還暦、七十歳の古希《こき》や八十八歳の米寿《べいじゅ》など長寿を祝う行事である「年祝い」は「数え年」で行なうことが多い。

こうして満年齢制が定着した今でも、日本人の心に深く根付いた文化となっている「数え年」だが、いったいどうして昔の日本人は「数え年」によって年齢を数えていたのだろうか。

実はもともと日本には「誕生日」という概念がなかった。日本では正月を迎えることで、日本人全体が一緒に年を重ねるという考えを持っており、除夜は「年取りの夜」とも呼ばれていたのだ。

◐「数え年」と「稲穂」の意外な関係

新年、つまり春を迎えることによって年を取るという考え方には日本人の原点とも言える「米」が深く関わっている。

「年」という字の原義は「稲の実り」を表わしている。

お米は私たちの主食であり、縄文時代末期に始まる稲作りは古代から日本の主産業であり続けた。

神道の古い国家的な祭りである「祈年祭」は稲穂の豊作を願う祭りであり、訓読みで「としごいのまつり」といい、豊作を乞い願うという意味である。新嘗祭や神嘗祭も一年の実りに感謝を捧げる祭祀である。

また、古い祝詞にある「奥津御年」は、秋も遅くに実る稲を意味している。

稲は一年に一度実るものであり、「年」とは稲穂のできるサイクルのことを意味しているという。

このサイクルを原点と考えて、昔の日本人は年を取ると考えたのだ。

ご利益

一日にいくつもの神社をお参りしても、神様は怒らないのか？

我々は折に触れて神社に参拝する。その理由は商売繁盛、合格祈願、良縁祈願、厄除けなどさまざまだろう。こうした神頼みによって得られる幸福をご利益という。これは「ごりやく」と読み、個人の経済的利潤を求めた「リエキ」とは全く違うものである。人はこのご利益を求めて、七福神《しちふくじん》めぐりなど、一日にいくつもの神社を回ることも珍しくない。

しかし、一人の人間がいくつもの神社を巡ってたくさんの神様に同じ願い事をするのは、不義理ではないのだろうか。神様が気を悪くしてご利益を与えてくれないということはないのだろうか。

その答えは、まったく問題ない。狭い国土に多くの神々がひしめき合う日本では神は共存し、ひとりが複数の神を祀ることに寛容なのだ。

実際、神社のなかでも本殿の祭神とは別に、境内に別の神様を祭る境内社がある例も珍しくない。長屋のような社に十柱の神様を祀り、一度にまとめて参拝できるような神社もあるくらいなのだ。

悩みの数だけ存在する神様

ただし、古くは自分の生まれた土地の守り神を氏神として、大切に祀るのが一般的だった。しかし戦国時代になって戦国大名が新たな領地を獲得してそこへ移動すると、自らの氏神を産土神、現在居住しているところの神を氏神と呼んで区別して、複数の神を祀ることが珍しくなくなった。

さらに江戸時代に入ると、庶民の移動が活発化し、生まれた土地から離れて氏神、産土神など複数の神々を信仰し祀る人が増えていった。また、治安が安定したことで福徳のご利益を強調した多くの流行神の信仰が広がった。そのため人々は氏神を祀りながらも、霊験あらたかな神や願いに応じて様々な神様を参拝するようになった。

その結果、人間の悩みの数だけ神さまのご利益も細分化していった。現在ほど医療の進んでいなかった江戸時代には頭痛、虫歯、脚気、眼病、いぼ取り、安産など健康を願う願掛けが多かったようだ。

家内安全、無病息災、商売繁盛などの祈願は古くから変わらないが、交通安全、ストーカー除けのご利益などは現代ならではの願いといえる。今も昔も悩みの数だけ、神様が存在するといえる。

なぜ恵比寿神が商売繁盛の神様なのか？

商売の神

毎年一月十日、兵庫県西宮市《にしのみや》にある西宮神社では「十《とお》日戎《かえびす》祭」が行なわれ、奉納された大マグロに金銭を貼り付け商売繁盛や大漁を祈願する。また開門と同時に多くの男性が参道を駆け抜け、福男を決めるレースの光景でも有名だろう。この西宮神社は、商売繁盛、金運の神として全国的に人気のある恵比寿神を祀っており、恵比寿信仰の本社でもある。

恵比寿神といえば、七福神の一柱として釣り竿を片手に、鯛《たい》を脇に抱えている姿を思い浮かべる人も多いだろう。西宮神社の恵比寿神は、伊弉諾尊《いざなきのみこと》と伊弉冉尊《いざなみのみこと》の国産み神話の際、最初に生まれた骨のない蛭のような姿をした蛭子《ひるこ》神とされる。両親により、葦船《あしぶね》に乗せられ流されてしまうのだが、神社の縁起によると、この蛭子神が摂津国《せっつのくに》西宮に流れ着き、地元の人々によって夷《えびす》二《じ》郎《ろう》大明神として祀られたという。

そうした影響からか、漁業関係者の民間信仰では、水死人や鯨《くじら》、鮫《さめ》、イルカを「エビス」と呼び、それらが揚がると豊漁になると考えてきた。そこから豊漁をもたらす恵比寿神信仰に発展していったのである。そこからさらに七福神の一柱・恵比寿と同一視される

恵比寿神を祀る兵庫県の西宮神社。蛭子神系の恵比寿神社の総本社である。

ようになり、室町時代の大坂沿岸の発展に伴い、商売繁盛の利益もあるとして市中に進出していったのである。また、恵比寿神は「商売繁盛　笹もってこい！」の掛け声でおなじみの大阪の今宮戎神社でも「えべっさん」の愛称で祀られている。

恵比寿信仰にはもうひとつ別の神を祀る神社が存在する。

それが事代主神《ことしろぬしのかみ》を祭神とする島根県の美保《みほ》神社の恵比寿信仰だ。事代主神は大国主神の御子神《みこかみ》で、漁業の神であるとともに、国譲りの承諾で知られる。俵の上に乗り、大きな袋を背負った大国様（大国主神）、釣竿を片手に大きな鯛を抱えた恵比寿様（事代主神）は、福神として家庭の台所などに祀られることが多い。

なぜ出雲大社に縁結びのご利益があるのか？

縁結び

数ある神社のご利益のなかで、若者の興味を惹きつけて離さないのが「縁結び」。八岐大蛇退治の素戔嗚尊とその妻・櫛名田姫《くしなだひめ》を祀る出雲市の八重垣《やえがき》神社は縁結び祈願で知られ、櫛名田姫が大蛇から避難した土地と言われる奥の院の佐久佐女《さくさめ》の森には、結婚の時期を占う鏡の池がある。また、埼玉県川越市の川越氷川《ひかわ》神社では、毎朝八時より無料配布される白い玉砂利《たまじゃり》が、恋愛グッズとして人気があるし、神前結婚式が初めて行なわれた東京大神宮も、恋愛、縁結びの神社として有名だ。

数ある神社のなかでも、代表格となるのが島根県の出雲大社である。祭神の大国主神《おおくにぬしのかみ》は国土開拓の神であり、結婚と無関係に思えるが、それが縁結びの神となったのはなぜだろうか？

それは大国主神の来歴と深い関係がある。神話のなかで大国主神は、多くに姫神を求婚する恋多き神として描かれているのだ。『古事記』には、助けた稲羽《いなば》の素兎《しろうさぎ》の恩返しにより、ライバルであった兄神たちを差し置いて八上姫《やがみひめ》への求婚に成功する。また、根の国で

縁結びの神とされる大国主神を祀る出雲大社。

は素戔嗚尊の娘・須勢理姫《すせりびめ》と恋に落ち結婚した。こうした多くの女神との結婚は、多産豊穣が尊ばれた古代の信仰による。

大国主神は、結婚してからも高志国《こしのくに》の沼河比売《ぬなかわひめ》に求婚しようとした。その際、須世理姫が「あなたには国ごとに妻がいるでしょうが、私にはあなただけ」という意味の歌を詠み、大国主神の心をつなぎとめたという。以降両神は仲良く鎮座し、縁結びの神となったのである。

縁結びの由来には毎年旧暦十月に八百万の神々が全国から出雲に集まるという伝承も関係しているという。集まった神々は、氏子に関する「神議《かむはかり》」という会議を開く。そこでは縁結びについても相談されるので、人々は大国主神に良縁を願うのである。

神になった人

なぜ神社に人間が祀られているのか？

神道には、すべての人が死ぬと神となり、子孫に祀られるという祖霊信仰に基づく人間観がある。ただ、歴史上の有名人のなかには死後、霊験の高い神となって信仰対象になる方もいる。そうしたなかでも全国的に有名なのが、太宰府《だざいふ》天満宮の祭神であり、学問の神、天神様として知られる平安時代中期の菅原道真であろう。

その背景には、平安時代の御霊《ごりょう》信仰がある。当時、非業《ひごう》の死を遂げた者は怨霊《おんりょう》となり、現世に祟《たた》りをなすと考えられていた。この時代、地方から多くの人々が上京し、豊かな暮らしを求めて都へやってきたため、都の人口は増加の一途を辿っていた。結果、たびたび疫病が流行して人々を恐怖に陥れた。都の人々はその原因を怨霊の存在に求めたのである。そこで怨霊を鎮めるべく御霊会が行なわれた。

そうしたなか道真は、左大臣・藤原時平《ときひら》の讒言《ざんげん》で大宰府に左遷され、同地で亡くなった。その後、宮中では時平が急死し、清涼殿《せいりょうでん》に落雷があって死者が出るなど、左遷《させん》に関わった者が多く亡くなった。そこで貴族たちは、これを道真の怨霊の仕業と考え、神格化し祀り上げることで、鎮魂を試みたのである。道真とともに「日本三大怨霊」と呼ばれる、崇徳《すとく》上皇《じょうこう》と平将門《たいらのまさかど》も同様の理由でのちに神格化されている。

近代になって続出した人から神への転進

鎌倉時代に入り、武家政権となると、武士が祭神として崇められるようになった。鶴岡八幡宮の末社である白旗社は源頼朝を祀っており、鎌倉中期には勧請されていたという。これが、英雄信仰の萌芽とされる。

さらに近世に入って吉田神道が成立すると、人心を重んじ、神と人の関係を密接に捉えて、積極的に人を神として祀る考えが浸透する。その影響で死後、豊臣秀吉は豊国大明神《ほうこくだいみょうじん》として豊国神社に、徳川家康は東照大権現《とうしょうだいごんげん》として日光東照宮に祀られたのである。

ほかにも江戸から明治時代にかけ、戦国武将を神として祀る神社が多く建てられた。たとえば建勲《けんくん》神社に織田信長《おだのぶなが》、上杉《うえすぎ》神社には上杉謙信《うえすぎけんしん》、真田《さなだ》神社には真田幸村《さなだゆきむら》（信繁《のぶしげ》）が祀られている。

このような英雄信仰は近代まで受け継がれた。明治維新の元勲・西郷隆盛《さいごうたかもり》が南洲《なんしゅう》神社に、日露戦争で多大な功績を残した陸軍大将・乃木希典《のぎまれすけ》が乃木《のぎ》神社に、同じく海軍元帥・東郷《とうごう》平八郎《へいはちろう》が東郷神社に祀られ、祭神となっている。

神道はどのような歴史を歩んできたの？

日本古来の信仰から自然発生的に生まれた神道は、日本統一を進めた大和朝廷により国家祭祀としての体系が整えられた。

六世紀中頃、朝鮮半島の百済《くだら》を介して仏教が伝来する。初めて見る仏像や経典に驚き、仏を崇拝する者が相次いだ。

当初、八百万の神々を祀ってきた諸豪族らは、仏を「蕃神」と呼んで外来の神と位置づけて拝礼したが、時に疫病の流行が仏教崇拝にあるとして弾圧も行なわれるなど、国内の拒否反応も強かった。

「神道」という言葉の初見は、そうした時代の記録でのことで、『日本書紀』用明《ようめい》天皇即位前紀の五八五年の記事に、「天皇、仏法《ぶっぽう》を信けたまひ、神道を尊びたまふ」とある。ここから、神道の宗教としての意識は、仏教を意識する形で芽生えたことがうかがえる。

その後、律令制度が整備された七世紀後半から八世紀の天武《てんむ》・持統《じとう》朝頃には、全国各地に祀られていた神社が国家祭祀の体系に組み込まれて、五穀豊穣と国家の安寧を祈る場とされた、神社制度が成立して行く。

中世から近世に定着した神仏習合

やがて仏教が国家の保護のもとに発展していくと、仏教の側から神道を取り込む動きが始まる。神道もこれを受け入れたため、奈良時代に神と仏が融合した神仏習合《しんぶつしゅうごう》の思想が生まれる。その端緒となったのは神身離脱の思想であった。神々も人間同様に迷い苦しむ存在であり、仏の教えによって救われるとするものである。この思想に基づき、神社の境内に「神宮寺《じんぐうじ》」が建てられ、神前で読経《どきょう》も行なわれるようになった。八世紀中頃には、神々は仏教を守護する存在であるとされ、寺院の境内に鎮守社を勧請して寺の守護神とする動きが始まった。東大寺の手向山《たむけやま》八幡宮や、法隆寺の龍田神社などがその好例といえる。

さらに平安時代に入ると、神は仏が衆生を救うために姿を変えて現われたものという本《ほん》地垂迹説《ちすいじゃくせつ》が起こり、神と仏はより深く結びついていく。本地垂迹説では、天照大神の本地仏は大日如来《だいにちにょらい》、八幡神は阿弥陀如来などとされた。また、日本の神は仏が権《か》りに現われた姿とされ、飯綱《いづな》権現、山王《さんのう》権現など、神のことを権現と呼ぶようになった。

鎌倉時代に入ると、神道において様々な学派が形成され神道の体系化が進む。

たとえば伊勢神宮外宮《げくう》の祠官（神職）を世襲してきた度会《わたらい》氏は、心身の清浄と正直を根本理念とする独自の教説を確立させ、伊勢神道を生んだ。この伊勢神道の影響を受ける形で、室町時代には吉田神道が成立。神道を仏教や儒教を含めた万法の根本と位置づけた。

江戸時代、幕府が儒教を根本理念に据えると、儒学者たちは仏教を廃して神儒一致思想による儒家神道を唱えた。また、これに対抗する形で記紀などの古典を通して日本の伝統精神や文化を研究する国学が発展。国学からは日本古来の思想に立ち返ることを唱える復古神道が生まれ、幕末の尊王攘夷思想に影響を与えた。

国家によって管理された神社

尊王攘夷思想の影響をたぶんに受けた志士たちが中心となって明治維新となり、幕府が廃されると神道を巡る環境一変する。

明治新政府は神道を国家造りの根幹に据えるために神祇官を復興し、神仏分離令を出した。神仏習合の状態だったものを明確に区分しようとしたのである。これがエスカレートして寺院や仏像を攻撃する廃仏毀釈も行なわれた。そして「神社を国家の宗祀」と位置づけ、神社や神職は国の管理下のものに置かれた。第二次世界大戦後はGHQの強権のもと「神道指令」が発令され、神道の国家管理は廃止され、神道は一宗教として出発する。民間の神社本庁が作られ、神社の包括を行なうようになった。

神道史年表

和暦	西暦	主要事項
崇神天皇７年	紀元前91年	大田田根子に大物主神を祀らせる。
垂仁天皇25年	紀元前５年	倭姫命、天照大御神を伊勢に祀る。
欽明天皇1年	552年	仏教が伝来する。
舒明天皇11年	639年	天皇、新嘗を食す。（新嘗祭の初見）
天武天皇２年	673年	大伯皇女、伊勢の斎宮となる。（斎宮の初見）
持統天皇４年	690年	伊勢神宮式年遷宮（第１回）が行なわれる。
大宝元年	701年	大宝律令が制定され、太政官・神祇官の二官八省の体制となる。
和銅４年	711年	山城国に稲荷神を祀る。（伏見稲荷大社の創祀）
和銅５年	712年	『古事記』が献上される。
霊亀元年	715年	越前国に気比神宮寺が建立される。（神宮寺の初見）
養老４年	720年	『日本書紀』が献上される。
神亀元年	724年	出雲国造神賀詞が奏上される。
天平勝宝元年	749年	宇佐の八幡神が奈良へ入京する。
神護景雲２年	768年	春日社の社殿が造営される。
天暦元年	947年	菅原道真を京都七条に祀る。（北野天満宮の創祀）
康平６年	1063年	源頼義、鎌倉に八幡宮を建立する。（鶴岡八幡宮の創祀）
永保元年	1081年	二十二社の制度が成立する。
寛治４年	1090年	白河上皇、熊野参詣を行なう。
寛政３年	1462年	第40回式年遷宮が行なわれる。（以後、123年間中絶）
慶長８年	1603年	徳川家康、神田明神を湯島へ遷祀する。
寛永15年	1638年	この頃より、御蔭参りが流行する。
寛文５年	1665年	江戸幕府、諸社禰宜法度を発布する。
明治元年	1868年	神仏分離令が布告される。
明治２年	1869年	九段に東京招魂社が創建される。（靖国神社の創祀）
明治28年	1895年	平安神宮が創建される。
昭和20年	1945年	GHQ、神道指令を発する。
昭和21年	1946年	宗教法人神社本庁が設立される。

column

押さえておきたい
日本神話
其の二

黄泉の国から三貴子誕生まで

伊邪那岐命《いざなきのみこと》は妻を取り戻すべく死者の住む黄泉《よみ》の国へと向かうが、伊邪那美命《いざなみのみこと》は黄泉の国の食べ物を口にしており、現世には戻れない体となっていた。それでも食い下がる夫の想いに心を動かされた伊邪那美命は、黄泉の国の神と掛け合ってみるので、その間、決して自分の姿を見ないようにと伊邪那岐命に約束する。だが、伊邪那岐命はその約束を破り、こっそりと伊邪那美命の姿を覗き見てしまう。するとそこには身体中に蛆《うじ》がわき、雷神に囲まれた伊邪那美命の姿があった。

妻の変わり果てた姿に仰天した伊邪那岐命が逃げ出すと、伊邪那美命は自分に恥をかかせたと追いかけてくる。伊邪那岐はやっとの思いで黄泉の国から地上へ脱出すると出入り口を岩で塞ぎ、伊邪那美命に別離を言い渡した。

伊邪那美命は怒り「こんな仕打ちをするのならあなたの国の人間を1日に1000人殺す」と言うが、伊邪那岐も負けじと「ならば、私は1日に1500人が生まれるようにしよう」と言い返した。

黄泉の国から無事に逃げ帰った伊邪那岐命は、黄泉の国で身体についた穢《けが》れを清めるために、清浄な水に浸かり禊をした。

すると、左目から天照大御神《あまてらすおおみかみ》が、右目から月読命《つくよみのみこと》が、鼻から須佐之男命《すさのおのみこと》が生まれた。伊邪那岐命は、天照大御神に高天原《たかあまのはら》、月詠命は夜の食《お》す国、そして須佐之男命には海原《うなばら》を治める役目を命じた。

第二章

神社でわかる
神道の「いろは」

なぜ拝殿へと向かう道の真ん中を歩いてはいけないのか？

図解 神社の境内

八百万の神々を祀る神域に並ぶ社殿群を徹底図解！

摂社・末社(→120ページ)
摂社には主祭神にゆかりの深い神が、末社にはそれ以外の神が祀られる。
神楽殿(→106ページ)
奉納神楽が舞われる舞台。
手水舎(→133ページ)
神が不浄を嫌うため、参拝前に心身を清める場所。
砂利(→98ページ)
神域に敷かれた砂利。
注連縄(→94ページ)
神域と俗界を隔てる標示。
参道(→96ページ)
本殿へと至る道。
社務所(→122ページ)
神社の事務全般を取り扱う場所。お守りや絵馬、護符などの授与や、祈祷の受付を行なう。
燈籠(→104ページ)
神の加護を願うために奉献されたもの
鳥居(→90ページ)
神社の入口。邪気が入り込まないための結界としての役割も果たす。

郵便はがき

1 5 3 - 0 0 4 4

お手数でも
郵便切手
をお貼り
ください

東京都目黒区大橋1－5－1
クロスエアタワー8階

実業之日本社
「愛読者係」行

ご住所　〒
お名前
メールアドレス

ご記入いただきました個人情報は、所定の目的以外に使用することはありません。
実業之日本社のプライバシー・ポリシー（個人情報の取扱い）は、
以下のサイトをご覧ください。http://www.j-n.co.jp/

お手数ですが、ご意見をお聞かせください。

この本のタイトル		
お住まいの都道府県	お求めの書店	男・女 歳

ご職業　会社員　会社役員　自家営業　公務員　農林漁業
医師　教員　マスコミ　主婦　自由業（　　　）
アルバイト　学生　その他（　　　）

本書の出版をどこでお知りになりましたか?
①新聞広告（新聞名　　　）②書店で　③書評で　④人にすすめられて　⑤小社の出版物　⑥小社ホームページ　⑦小社以外のホームページ

読みたい筆者名やテーマ、最近読んでおもしろかった本をお教えください。

本書についてのご感想、ご意見（内容・装丁などどんなことでも結構です）をお書きください。

どうもありがとうございました

このはがきにご記入いただいた内容を、当社の宣伝物等で使用させていただく場合がございます。何卒ご了承ください。なお、その際に個人情報は公表いたしません。

御神体(→116ページ)
本殿に安置される神の依代。
本殿(→111ページ)
主祭神が祀られる御殿。基本的に参拝客が立ち入ることはできない。
拝殿(→108ページ)
本殿を仰ぎつつ、参拝を行なう場所。
狛犬(→100ページ)
参道の両脇に一対で置かれ、神社を守護、魔除けの役割を果たす、神使(→102ページ)を置く神社もある。
鎮守の森(→118ページ)
神社の周囲を囲む森。

鳥居

多くの種類があるけれど、どうやって見分けるの?

神社を訪れたとき、最初に目にするのが正面の鳥居《とりい》である。

地図上で神社を表わす記号に用いられる鳥居は、神聖な境内と俗界とを分ける役割を持つ。つまり鳥居を潜《くぐ》った先は神様が鎮まる聖域であり、参拝の際には一礼をして通過するのがマナーである。

二本の柱と笠木、貫という四本の素材から成る鳥居は、日本独自の形状を持つが、その起源をたどると、神話由来説から、外来説まで諸説がある。

ひとつが天岩戸《あまのいわと》神話に由来するもの。天照大神《あまてらすおおみかみ》が天岩戸に隠れた際、神々は常世長鳴《とこよのなかなき》鳥《どり》(鶏)を岩戸の前で鳴かせることにした。夜明けを告げる鶏の声によって天照大神を岩戸の外へ誘おうとしたのである。

その鶏の止まり木とした横木が、鳥居の起源だという。

また、鳥居の意匠は神社の誕生よりも古いことから、その起源はインドのストゥーパとも、中国の宮殿前に置かれた華表《かひょう》とも言われる。

鳥居各部位の名称

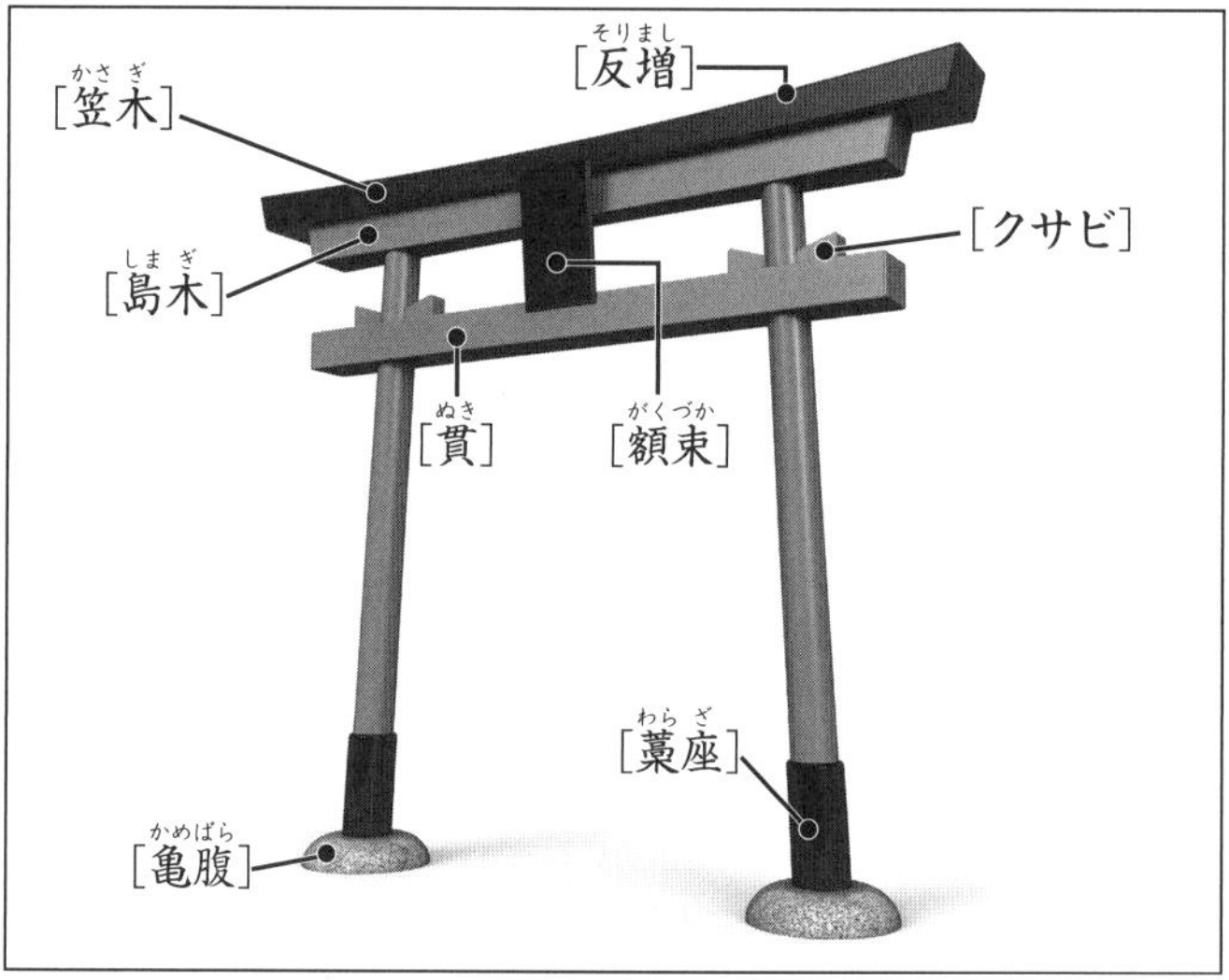

確かに世界遺産であるサーンチーのストゥーパの入り口には、鳥居のような形状の門が見られる。

ほかにも豪族の邸宅の入り口にあった、笠木《かさぎ》と二本の円柱から成る扉のない門が鳥居の発祥と指摘する説もある。やがて神社が成立すると、これが神域と俗界の境界を示す役割を担うようになり、通常の門と区別するために横木（笠木）の下に貫《ぬき》が加えられたのだという。

この門を潜って通ることから「通り入る」、「鳥居」となったという名称の由来も併せて指摘されている。

このように諸説あるものの、起源、名称の由来ともに定説は得られていない。

鳥居の見分け方

そうした鳥居に着目して、様々な神社を訪ねてみると、神社によってその形が少しずつ異なっていることに気付くだろう。

前述の通り、鳥居は二本の立て柱と横木から成り立つ単純な構造物であるが、神社によって貫の位置や湾曲具合などが異なっているのだ。その数は根岸栄隆氏の『鳥居の研究』に六四種があげられるなど、じつに多様であるが、神明系《しんめいけい》と明神系《みょうじんけい》に大別される。

ではこの鳥居、どのように見分けるのだろうか。押さえておきたい基本形はふたつである。

まず神明系は立て柱、横木、貫が直線的で左右に湾曲する反増がない。伊勢神宮《いせじんぐう》や鹿島《かしま》神宮などに見られる鳥居である。一方明神系は仏教建築の影響を受けて成立したと見られる鳥居で、島木が左右に向かって湾曲（反増《そりまし》）し、その上に笠木が乗る。日吉大社系の山王《さんのう》鳥居や、稲荷神社に見られる台輪鳥居などがこの系統に属する。細かな見分け方は九三ページの図版を参照してほしい。

このふたつのパターンを軸として地域分布の広がりや他宗教の影響などによって変化を遂げた結果、多様な鳥居が派生していったのである。

鳥居の種類を見分ける方法

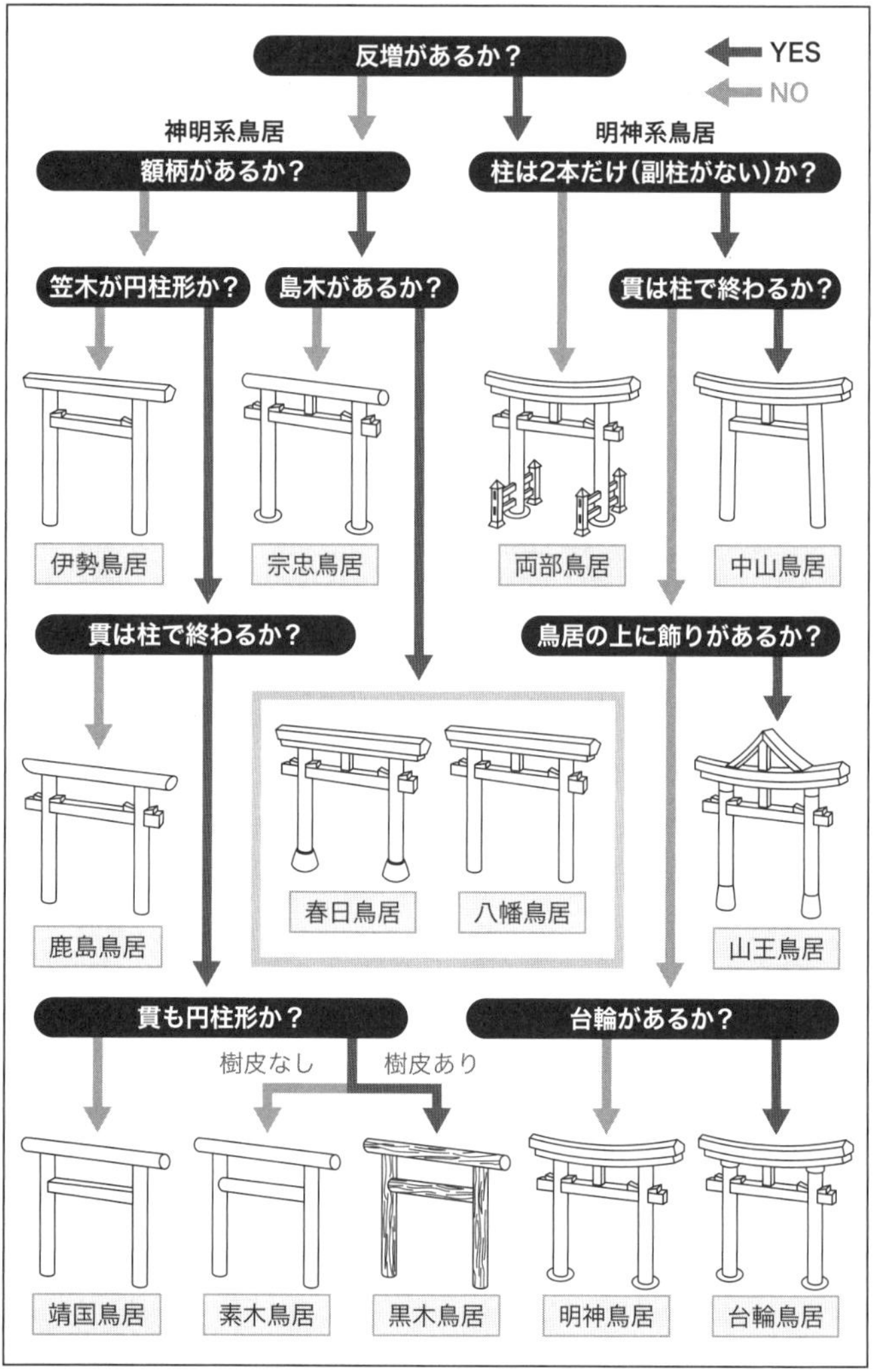
YES
NO
反増があるか？
神明系鳥居
明神系鳥居
額柄があるか？
柱は2本だけ(副柱がない)か？
笠木が円柱形か？
島木があるか？
貫は柱で終わるか？
伊勢鳥居
宗忠鳥居
両部鳥居
中山鳥居
貫は柱で終わるか？
鳥居の上に飾りがあるか？
春日鳥居
八幡鳥居
鹿島鳥居
山王鳥居
貫も円柱形か？
台輪があるか？
樹皮なし
樹皮あり
靖国鳥居
素木鳥居
黒木鳥居
明神鳥居
台輪鳥居

注連縄

なぜ注連縄は左側だけが細いのか？

鳥居や拝殿《はいでん》の前に立ったときなど、神社の様々な場所で目につくのが注連縄《しめなわ》である。注連縄には図のように前垂注連《まえだれじめ》、牛蒡《ごぼう》注連、大根注連などいくつかの種類がある。どれも藁を綯《な》ったものに紙垂《しで》を下げて作られ、その形状は雷雲を象《かたど》ったものとされる。

神話においては、天岩戸から天照大神が出現した後に、布刀玉命《ふとだまのみこと》が岩屋を封印した尻久米縄《しりくめなわ》に由来するとされる一方、歴史的には農地に「縄張り」をして、所有を示したことが起源という。占有している（占める）土地を示すために張られた縄だったが、神の領域と俗界を隔てる結界の役割が加わり、現在の形になった。

その役割は神域であることを示すものであるが、こちらは鳥居に比べて神の占有地の標示としての意味合いが強く、穢れを祓い、邪悪なものの進入を防ぐ役割を持つ。

さてこの注連縄、一部に左側に行くに連れて極端に細くなっているものがある。なぜかというと、神道では太い方が稲の根を表わし、すべての根源を意味する。そこで左側を上位に扱うため、神様から見て左側に太いほうを向けるのだとされている。

天岩戸神社の鳥居に張られた高千穂地方特有の注連縄。

注連縄の主な種類

[前垂注連]

紙垂同士の間に藁を垂らす最も一般的な形式。社殿や鳥居、ご神木などに用いられる。

[大根注連]

紙垂同士の間にメの子を挟み、大根の形に似た注連縄。家庭の神棚にも張られる。

[牛蒡注連]

藁茎が右に行くほど太くなる形式の注連縄。

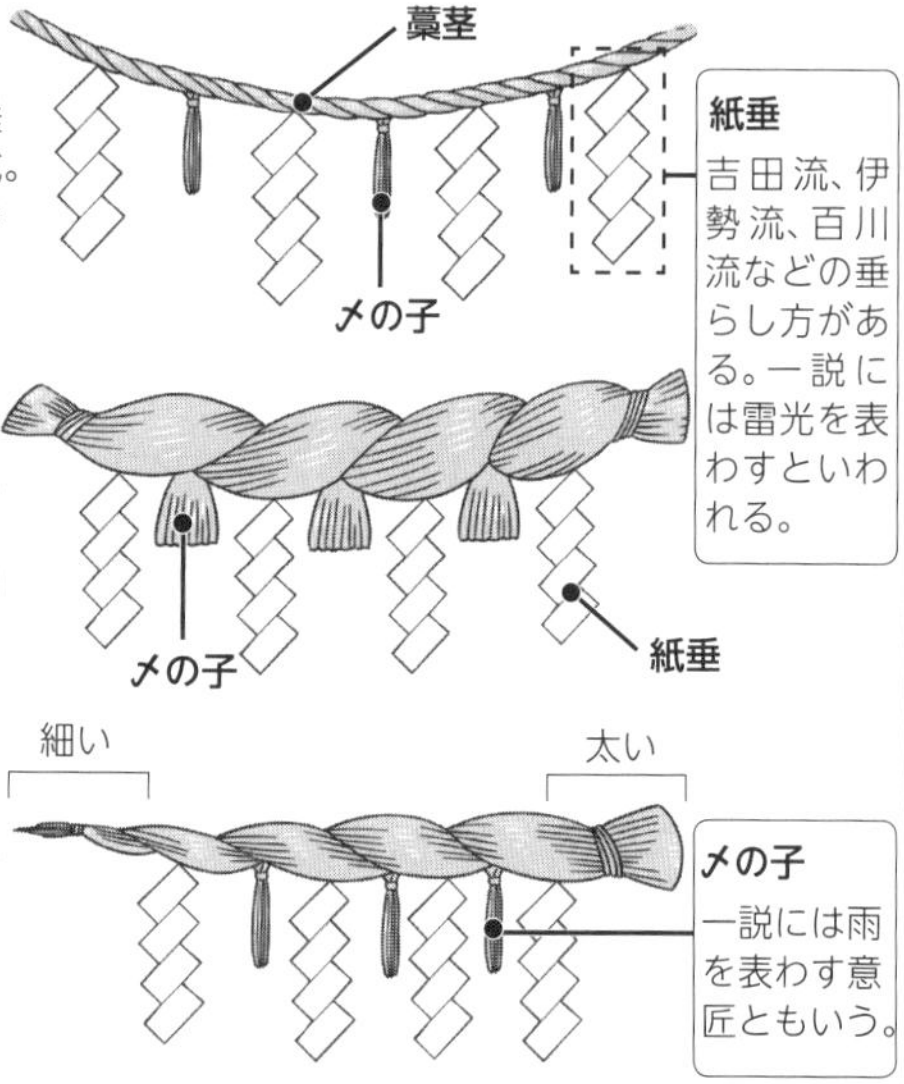
藁茎
メの子
紙垂
吉田流、伊勢流、百川流などの垂らし方がある。一説には雷光を表わすといわれる。
メの子
紙垂
細い
太い
メの子
一説には雨を表わす意匠ともいう。

参道

なぜ拝殿へと向かう道の真ん中を歩いてはいけないのか？

鳥居を潜ったあと拝殿へ向かう路を参道という。大きい神社の場合には、表参道、正参道、裏参道などいくつかの参道がある。

参道の両側には鬱蒼《うっそう》とした鎮守の森が広がっており、神域ならではの静謐《せいひつ》な雰囲気が漂う。

参道は屈折や、階段などによって変化をもたされながら拝殿、そして祭神が鎮まる本殿へと続いていく。

神社によっては参道の前に「下馬」の地名があったり、石碑が残っていたりする。かってはどれほど身分の高い者でも下馬するのが参道を歩く掟であり、また、参道を歩くことにはお清めの意味もあった。

この参道を歩くとき、よく真ん中を通ってはいけないと注意された記憶を持つ方は多いだろう。

それにしても参拝のために通る道であるのに、いったいなぜだろうか。

拝殿へつながる参道が、祭神に尻を向けないよう、斜めになっている宮崎県高千穂町の高千穂神社の参道。

その理由について、一般に「神様の通り道」であるからとされている。

参道の中央は「正中《せいちゅう》」と呼ばれ、神前とともに尊ぶべきところとされ、本殿から出た神霊がわたる通り道となる。参道を横切る際に正中で神前に一礼をするのがマナーとされている。

参道は、多くの神社で本殿に対して斜めに延びていたり、曲がっていたりする。

これは祭神の正面に立たないよう、また帰路、尻を向けないようにするためだという から、徹底している。

参拝するときには当然ながら正面に立ってよいが、神前にでて神様と相対するまでは正中に出ないのが基本である。

神社の玉砂利は何のために敷かれているのか？

玉砂利

参道が拝殿へ向かって続くなか、今度は足下を見てみよう。参道上に砂利が敷かれていないだろうか。九九ページに掲載した橿原《かしはら》神宮の拝殿前の広場や参道などは、一面の砂利で覆われているし、伊勢神宮の参道も同様である。このように多くの神社では、敷地の多くに砂利が敷かれている。こうした砂利を「玉砂利《たまじゃり》」と呼ぶ。

玉砂利の上を歩くと、靴のなかに小石が入るなどして少々歩きにくい。なぜわざわざ歩きにくくしているのだろうか？　音を立てさせることによって、夜間の警備に役立てているのだろうか。

まず玉砂利には排水と雑草除けという実用的な効果があり、家庭でも庭作りに生かされている。神社においては、とくに露天での祭祀が行なわれる伊勢神宮などで降雨があると、土が剥き出しの状態の場合、ぬかるんでしまう。しかし、玉砂利を敷くことによってそのすき間に水が入り込むため、そうした事態を防ぐことができるのだ。また砂利は、太陽の光が土に届くのを妨げるため、雑草が繁茂する状態を防ぐことができる。

橿原神宮の境内。拝殿前の広場、参道や本殿周辺など広大な敷地の多くに玉砂利が敷かれている。

　さらに宗教的意味合いもある。じつは社殿が誕生する以前から神事を行なう場所には砂利が敷かれていたという。これには清浄を保つという意味合いがあり、玉砂利には神の周囲を清める役割が託されていることがわかる。

　いわれてみれば、本殿の周囲にはより美しい砂利が敷かれている。伊勢神宮では、式年遷宮の折に、二〇万人以上の崇敬者が宮川《みやかわ》の上流から新しい白石を集め、普段一般の参拝者が入ることのできない正殿新宮の周囲に、手で敷き詰める「御白石持行事」が行なわれる。自然の穢《けが》れない石によって新宮の周囲をお清めするというわけだ。

　玉砂利は、神社の清浄な空間の維持に大きく貢献しているのである。

神社にいるのに、なぜお寺の仁王と同じ「阿」と「吽」の表情をしているの？

狛犬

参道を進み拝殿に近づくと、社殿の前に左右一対の狛犬《こまいぬ》が見えてくる。その表情が示すとおり、狛犬の役割は魔除けであり、正面を睨んだり、参道を挟んで向かい合うように座ったりして邪《よこしま》な侵入者を威圧・排除している。

狛犬は、古代オリエントのライオンが起源とされる。オリエント世界で王者の象徴とされたライオン像が中国へ渡り、遣唐使《けんとうし》によって九世紀、平安時代の日本に一対の唐獅子《からじし》像として伝来した。しかし当時の日本にライオンを見た者はなく、片方を異様な姿をした犬と考え「狛犬」と呼び、もう一方を「獅子」と呼ぶようになった。伝来当初の狛犬は、右側の阿《あ》像が唐獅子、左側の吽《うん》像が狛犬として明確に区別され、唐獅子には角があるなど、ヴィジュアル的にも差別化されていたが、次第に狛犬の姿が獅子と同化し、一対の狛犬と認識されるようになった。

この一対の狛犬の口元を見ると、向かって右側は開いているが、左側は閉じている。右が「阿」で、左が「吽」という、お寺の門を左右から守る仁王《におう》像のようだ。

左右一像狛犬。「阿」（左）は森羅万象の陽を表わし、一方、「吽」（右）は森羅万象の陰を表わす。

それもそのはず、狛犬はこの仁王像の影響を受けているのである。

もともと中国には門の左右に一対の門神を像や絵にして飾る習慣があった。そこへ仏教の仁王像が入ると、門神の影響を受けて左右一対の阿形像《あぎょうぞう》、吽形像《うんぎょうぞう》となった。

さらにそこへ獅子が伝来して同様の役割を担うようになる。これが日本に伝来したのだ。

狛犬は平安時代には宮中の清涼殿《せいりょうでん》の御帳台の御帳を止める置物として用いられ、その後平安時代後期から鎌倉時代にかけて神社拝殿の床上などに置かれるようになった。御帳前の左右に置かれた一対の狛犬を神社や寺院が真似したことで定着していったらしい。

なぜ狐が稲荷神の使いになったのか？

神使

本殿前などに飾られる一対の狛犬とは別に、境内にイノシシやネズミ、オオカミ、狐などなどほかの動物の像が見られる神社もある。

彼らは神使《つかわしめ》、眷属《けんぞく》などと呼ばれ、神の使いとなる動物たちで、祭神と密接な関係を持つ存在だ。神の姿は人間には確認できないため、神が人間に見える形で遣わした使者が神使であるという。

たとえば和気清麻呂《わけのきよまろ》を祀る護王神社では、清麻呂を猪が守ったという故事にちなみ猪像が据えられ、春日大社では、祭神の武甕槌尊《たけみかづちのみこと》が白い鹿に乗って鹿島から大和へ至ったという伝説に因み、鹿が神使とされ、境内で飼われている。また、菅原道真の亡骸を牛車《ぎっしゃ》で運んでいたところ、現在の太宰府天満宮の場所で牛が動かなくなったという創建伝説にちなみ、太宰府天満宮や北野天満宮では牛を神の使いとしている。

そうした神使のなかでももっとも有名なのが稲荷神社の狐であろう。

稲荷神社の祭神は宇迦之御魂神《うかのみたまのかみ》である。神名の「ウカ」は食物を意味し、「ウカノミタマ」は稲魂《いなだま》を表わすことから、五穀豊穣《ごこくほうじょう》を司る神であることがわかる。ではなぜこの神の神使が狐になったのであろうか。

狐は中国伝来の女に化けて人を化かす九尾《きゅうび》の狐伝説の影響で妖怪的なイメージが定着したが、もともとは里山に棲み、畑を荒らす兎や野ネズミを食べる、有益な獣であった。山は神の世界であり、狐が人の住む里との間を行き来するところから、神使となったとされる。一方、宇迦之御魂神は、神仏習合のなかで仏教の荼枳《だき》尼天《にてん》と習合した。この荼枳尼天が白狐を乗り物としていたことから、稲荷と狐のイメージが合致したという。

伏見稲荷大社拝殿前に置かれた神使の狐像。

また、一説によると稲作を司る宇迦之御魂神の別名・神饌津神《みけつかみ》を「御狐神」と書き間違えてしまったことから、狐が神使となったともいわれている。

燈籠

もともと仏教のイメージが強いが、なぜ神社にあるのか？

狛犬や眷属の像などとともに、神社を飾る石造物のひとつに燈籠《とうろう》がある。

とくに春日大社の参道脇には、ずらりと古めかしい燈籠が並んでいる。戦国時代、石田《いしだ》三成《みつなり》の軍師として仕え、関ヶ原《せきがはら》の戦いで名を残した島左近《しまさこん》寄進の燈籠も発見されている。彼は大和国平群《へぐり》付近に本拠を置き、筒井家に仕えていたことから大和に縁のある人物であった。

また、春日大社や談山《たんざん》神社では、社殿の軒から釣り灯籠が吊り下げられ、荘厳な雰囲気を醸し出している。春日大社では毎年二月の節分の日に節分万燈籠《せつぶんまんとうろう》が、八月十四日と十五日の盆の日に中元《ちゅうげん》万燈籠がそれぞれ行なわれ、境内の三〇〇〇基に及ぶ燈籠に火が灯される。

とはいえ、燈籠というと、仏教寺院においても本堂の前に設置されたり、寺の庭園の重要なアクセントになっていたりと仏教のイメージが強い設備である。

仏教においては花、お香に加え燈明を捧げることが供養の基本となっていて、燈明は無

春日大社の参道沿いには、崇敬者によって寄進された石燈籠が並んでいる。

智の闇を照らす仏の智慧《ちえ》の象徴とされている。

それゆえ明かりは重要視され、寺院の各所に燈籠が設置されてきた。

そうした燈籠がなぜ神社にも建ち並ぶのだろうか。

その理由は神社の祭りからひもとくことができる。

神社の祭りはもともと夜に行なわれていた。

今でも神を遷す祭りは浄闇のなかで行なわれる。伊勢神宮式年遷宮の遷御が暗闇のなかで行なわれるのも同じ理由である。庭燎《にわび》を焚いたり、燈籠を灯して祭りを行なったことから、常夜灯を奉献する風が生まれたのである。

神楽殿

神社で行なわれる神楽の起源とは？

神社の境内を歩いていると、本殿や拝殿のほかにも多くの建物が目に入ってくる。それは神馬を飼うための神厩舎であったり、神社の宝物を納める神庫と呼ばれる蔵であったり、神饌を調理するための神饌殿であったりと、神社の性格によって様々である。

そのなかのひとつが神楽《かぐら》などの舞が奉納される神楽殿である。巨大な注連縄が飾られる出雲大社の神楽殿や、源《みなもとの》義経《よしつね》の愛人である静御前《しずかごぜん》が舞を披露したという鶴岡八幡宮の舞台などはつとに有名である。厳島神社の神楽殿に至っては海上に立てられている。

そうした神楽殿で行なわれるのが神楽である。神楽とは神前で舞われる芸能のことで、神の降りられる依り代「神座《かむくら》」を語源とする。本来は「神座」に神を招き、神がかりの状態で舞う舞踊を伴った魂鎮めの神事であった。

この神事が変化を遂げ、現在神楽は宮中に伝わる御神楽《みかぐら》と、民間で行なわれる里《さと》神楽の二系統に分かれて伝承されている。

まず御神楽は天岩戸神話において、天鈿女命《あめのうずめのみこと》が岩戸の前で披露した舞いが起源とされて

伊勢神宮内宮の神楽殿。銅板葺、入母屋造の建物で、大々神楽が奉納される。

いる。以後、天鈿女命の子孫とされる猿女《さるめ》氏によって継承された。宮中の御神楽は、平安時代に形が整えられ、宮中祭祀のなかでも最重要なものとして、毎年十二月中旬の深夜に天照大神を祀る宮中の賢所《かしこどころ》の前庭において、庭燎が焚かれるなかで舞われ、平安時代と変わらぬ形式が伝えられているという。一方里神楽は、民間で行なわれる神楽の総称である。土地ごとの風習を取り入れながら地域色豊かに独自の発展を遂げた結果、全国各地に多様な里神楽が伝承されている。高千穂神楽や出雲神楽、伊勢神楽などが有名だ。

一般に神楽の構成は、神を迎える歌舞、神々とともに遊ぶ歌舞、神々を送る歌舞となっていて、古い祭りの形式を伝えている。

なぜ拝殿の先に本殿がない神社があるの？

拝殿

　参道のつきあたり、祭神が鎮まる本殿の手前にあるのが拝殿である。拝殿から先は神様がおわす清浄なる神域であり、基本的に参拝者が立ち入ることができない。そのため神社では、この拝殿から本殿の祭神を参拝する形を取る。また、拝殿は神職が祈祷や祈願などの各種祭祀を行なう場所であり、熊野三山や厳島神社などのように巨大な拝殿が継承されている神社もある。また、明治神宮には外拝殿、内拝殿とふたつの拝殿がある。

　その一方で、祭祀を庭上で行ない、参詣者が外玉垣南御門から拝礼する伊勢神宮や、熱《あつ》田《た》神宮のように拝殿を持たない神社もある。

大きすぎる御神体とは？

　しかし、神社のなかには拝殿のみがあって本殿を持たない神社も存在する。奈良県の大《おお》神《みわ》神社や宮崎県の天岩戸神社、大阪府の磐船《いわふね》神社などがそれで、拝殿の先に建造物が何も

本殿のない主な神社と御神体

三輪山をご神体とする奈良県桜井市の大神神社。拝殿の奥には三ツ鳥居がありその先に禁足地、さらにその先に三輪山を遥拝する。

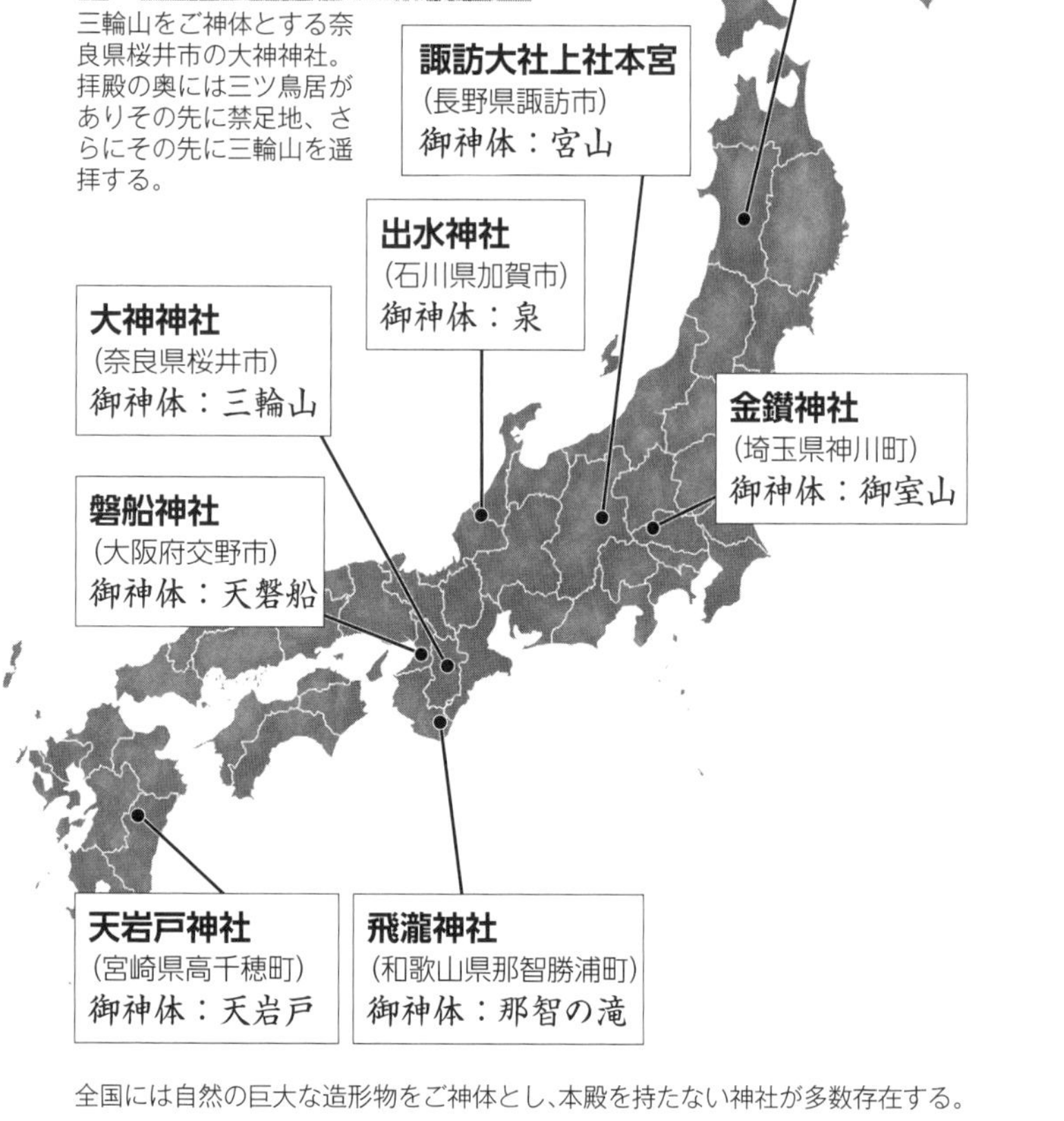

湯殿山神社
(山形県)
御神体：磐座
諏訪大社上社本宮
(長野県諏訪市)
御神体：宮山
出水神社
(石川県加賀市)
御神体：泉
大神神社
(奈良県桜井市)
御神体：三輪山
金鑽神社
(埼玉県神川町)
御神体：御室山
磐船神社
(大阪府交野市)
御神体：天磐船
天岩戸神社
(宮崎県高千穂町)
御神体：天岩戸
飛瀧神社
(和歌山県那智勝浦町)
御神体：那智の滝

全国には自然の巨大な造形物をご神体とし、本殿を持たない神社が多数存在する。

ないのだ。いったい拝殿から何を拝んでいるのだろうか。

実はこれらの神社は巨大な自然の造形物を御神体《ごしんたい》する。

大神神社は三輪山《みわやま》を、天岩戸神社西本宮は拝殿と川を挟んだ先にある天岩戸を、そして、磐船神社は高さ約十二メートル、長さ約十二メートルの舟形巨岩「天磐船《あまのいわふね》」を、それぞれ御神体としている。つまり、拝殿の先に巨大な御神体が存在するわけで、参拝者は拝殿からこれを拝礼しているのだ。

古代日本人は神霊が宿るとされる森や山を御霊代《みたましろ》として祀り、その周囲で祭祀を行なってきた。奈良県桜井市の三輪山山麓周辺や山中に、磐座で祭祀を行なったと見られる遺跡が多数発見されるのはこのためだ。

こうした神の存在をうかがわせる自然の山や磐石を御神体と崇める形態は、もっとも古い信仰形態であり、自然に対し畏敬の念を抱いてきた古代日本人の姿を現代に伝えるものといえよう。

もともと神社には拝殿ばかりか本殿もなく、露天のもとで祭祀を行なっていた。先に生まれたのは本殿のほうで、参拝者のための拝殿が立てられるようになったのは、平安時代の末期頃のことである。

伊勢神宮や熱田神宮は拝殿ができる前の状態を保っている例といえよう。

本殿

祭神の社にはなぜいろんなバリエーションがあるのか？

各神社の中心となる施設が、神社の祭神を祀る本殿である。本殿内には御神体が祀られ、神聖な場所であることから、参拝者が立ち入ったり、覗いたりすることができない。

そのため、神社の参拝では、拝殿から本殿の神を拝礼する形式を取る。

様々な神社を巡ってみると気付くことであるが、本殿の建築様式は神社によって大きく異なっている。伊勢神宮と出雲大社を比べてみてもかなり相違があるし、仏堂に似た日吉大社や拝殿と本殿が接続した八幡宮や日光東照宮などは、大変豪華な造りとなっている。

ではなぜこれほどまでに多くのバリエーションが生まれたのであろうか。神社の本殿誕生までの経緯を追ってみよう。

前項でも触れたとおり、古代の祭祀では祭祀のたびごとに仮殿を建てて、神が降りる場所をしつらえていた。祭祀が終わると神々は天上や山中、異界などへ帰るという考えが定着していたから、仮の本殿は常設の社ではなく、祭祀が終わればこれを解体していたと考えられている。

ふたつの建築様式と神社建築

神社に大きな変化をもたらしたのは、六世紀に伝来した仏教である。仏教の寺院は壮麗な伽藍を持ち、神祭りにも大きな影響を与えた。そこで神社においても常設の社殿建築が考えられるようになる。

ただしこのとき、古代の祭祀を担った人々は、仏教寺院の模倣ではなく、日本古来の伝統的住まいの建築様式を選んだ。かくして生まれたのが伊勢神宮に代表される「神明造《しんめいづくり》」と、出雲大社に代表される「大社造《づくり》」といった社殿建築である。

前者は切妻造《きりつまづくり》で屋根と並行な面に入り口を置く平入り構造の型式である。その起源は弥生時代の「稲倉」とされる。

これは古代人が稲を神聖視し、稲を実らせる「稲魂《いなだま》」を崇敬したためである。熱田神宮の本殿などがこの建築様式を用いているが、とくに伊勢神宮内宮《ないくう》・外宮《げくう》の社殿は、遷宮によって古来の伝統様式をそのまま継承しているため、「唯一神明造」と呼ばれる。

神明造からは、上賀茂《かみかも》神社、下鴨《しもがも》神社などの流造《ながれづくり》や、宇佐神宮や石清水八幡宮の八幡造などが発展した。これに対し大社造は、切妻造の建物に、妻のところに入り口を置く妻入り構造の型式である。その起源は豪族の住居と考えられている。社殿内部が前後の二室に

豪華な装飾が施される権現造の日光東照宮本殿と唐門。

分かれた住吉造もこの系統である。

社殿の建築はその後も仏教の影響を受けて、装飾や、赤や緑の彩色に様々な趣向が凝らされて鮮やかなものとなっていった。

しかし、同時に固有の伝統をしっかりと守っている。それが屋根の上の千木《ちぎ》・鰹木《かつおぎ》である。

これは切り妻屋根の端の破風板《はふいた》を屋根の上まで伸ばして交差させたものである。さらに屋根の上には水平に大きな木が置かれ、鰹木と呼ばれる。こうした社殿を彩る飾りは、かつて豪族の住居に用いられていたものだという。

神社の本殿は、多様な進化を遂げながらも、弥生時代以来受け継がれてきた、日本古来の家屋建築が息づいているのである。

◆本殿の部位◆

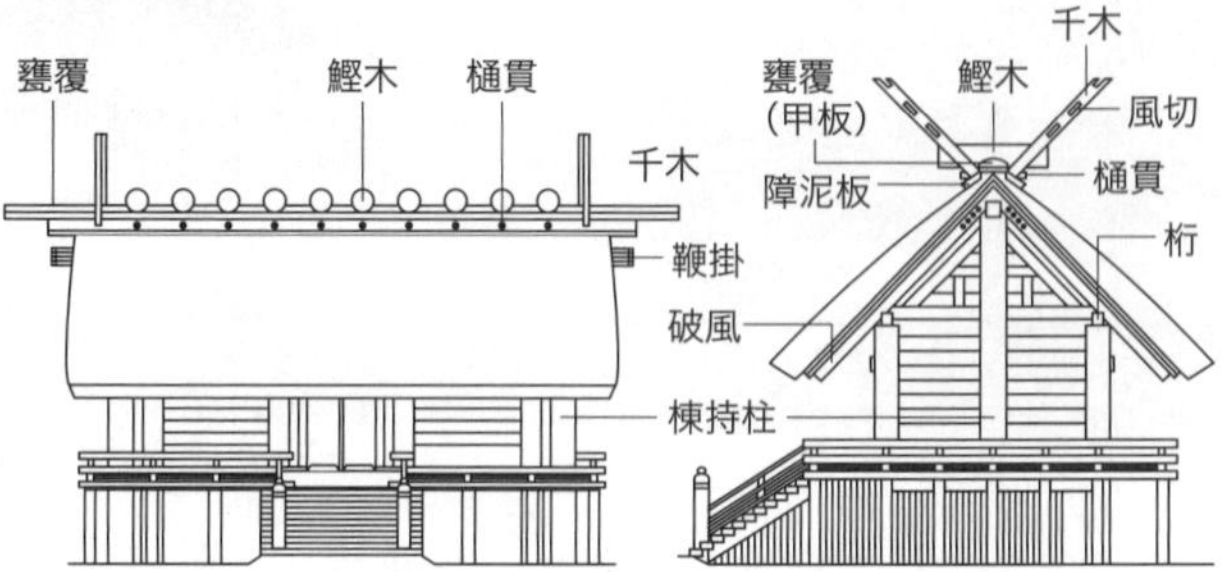

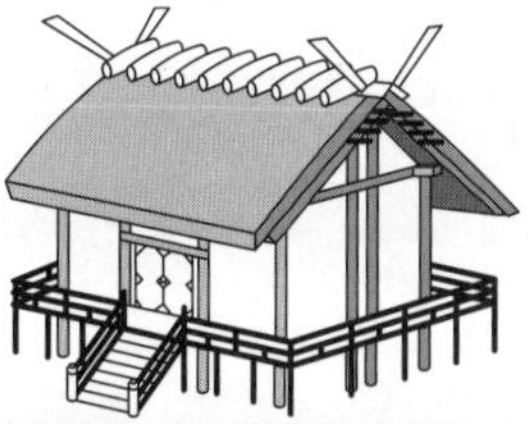

神明造

神殿の屋根と平行な面を正面に据える「平入り」様式の最古の神殿建築。

大社造

神殿の屋根の三角形を成す面を正面に据える「妻入り」様式の最古の神殿建築。

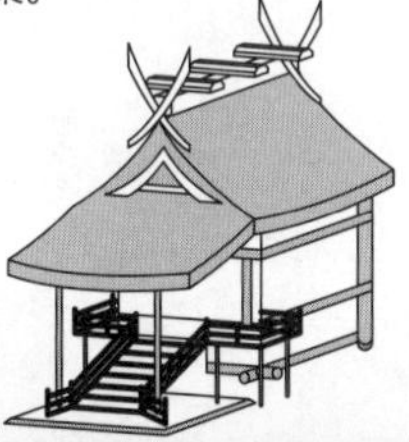

春日造

妻入りの正面に庇となる屋根をつけたもの。

住吉造

奥行きを持ち、内部も内陣と外陣に分かれる。外回りには縁が設けられていない。

⛩ 社殿建築の種類と部位

◆主な神殿建築の例◆

流造

緩やかに流れるような曲線を描く屋根を特徴とする神殿建築。

八幡造

拝殿と神殿が前後に接続した形式で、両殿の中間の間が建物のなかに取り込まれている。

日吉造

仏堂に似た建築で、正面と母屋の両側面の三方に庇をつけている。

権現造

本殿と拝殿との間に棟が設けられ、両殿を「工」の字形に連結している。

浅間造

二階建築の神殿で、下層が拝殿、上層が神殿になっている。

祇園造

母屋の左右と後方の屋根に庇がついた構造を特徴とする。

御神体

神社の御神体とは、いったいどんなものなのか？

神社においてもっとも重要視される存在が御神体である。人間の目には見えない神が宿る依り代で、拝殿の項目で触れたように、古くは山や滝、巨石などが御神体とされていた。現在でも大神神社や飛瀧《ひろう》神社、花窟《はなのいわや》神社などのように、自然の造形物を御神体として崇める神社は数多い。

やがて仏教寺院の影響を受けて本殿が造られ始めると、祭祀の場である神社にはいつでも礼拝可能な御霊代がなくては都合が悪い。そこで御神体が定められ、本殿のなかに祀られるようになったのである。

ではどのようなものが御神体に成りえるのだろうか。

まず筆頭に上げられるのが、鏡である。日本神話において、地上に降臨する天孫の瓊瓊《にに》杵尊《ぎのみこと》に天照大神が、「この鏡を自分と思い祀るように」と鏡を下賜《かし》したこともあって、伊勢神宮のように鏡を御神体とする神社は数多い。また、熱田神宮は三種の神器のひとつ草《くさ》薙剣《なぎのつるぎ》を御神体としている。こちらは八岐大蛇《やまたのおろち》を退治した素戔嗚尊《すさのおのみこと》が大蛇の尾のなかから発見したという天叢雲剣《あめのむらくものつるぎ》で、十二代景行《けいこう》天皇の御世《みよ》に九州や出雲、東国などへ遠征を行ない、全国平定で功を成した日本武《やまとたけるの》尊《みこと》によりその名がつけられた聖剣である。

鏡・剣は、玉とともに三種の神器に共通しており、古くから重視されてきたことがわかる。

ほかにも神仏習合によってつくられた神像や曼荼羅《まんだら》が信仰の対象となっているケースもある。多くの神社では、御幣《ごへい》を御神体としている。

ただし御神体の多くが非公開で、仏像のように御開帳《ごかいちょう》といって拝観させるようなことはしない。神霊が鎮まるものとして、大切に扱われ、人の目に触れることはないのである。

ミニコラム

三種の神器

三種の神器とは、天孫降臨時に天照大神が瓊瓊杵尊に授けたという八咫鏡《やたのかがみ》、八坂瓊勾玉《やさかにのまがたま》、草薙剣《くさなぎのつるぎ》のことを指している。

現在、八咫鏡は伊勢神宮、草薙剣は熱田神宮にそれぞれ祀られている。

三種の神器は現在も皇位継承のシンボルとして代々伝えられているが、八咫鏡（写）は宮中の賢所に祀られ、八坂瓊勾玉と草薙剣（写）は御所の剣璽の間に奉安（尊いものをつつしんで安置すること）されている。

鎮守の森

神社の周囲が鬱蒼とした森になっているのはなぜ？

神社は、周囲に樹木を繁茂させているところが多く、よく水田地帯の真ん中に、鳥居を囲むようにしてこんもりと茂った森を見ることがあるだろう。また、伊勢神宮や春日大社のように手付かずの原生林が神苑内に広がる神社もある。

こうした森を鎮守《ちんじゅ》の森と呼ぶ。一見して神社の静謐な雰囲気をかもし出すことにひと役買っているが、なぜ薄暗くなるまでに木々を繁茂させているのだろうか。

まず、『万葉集』では、

木綿《ゆう》懸《か》けて斎《いつ》くこの神社《もり》越えぬべく思ほゆるかも恋の繁《しげ》きに（巻七－一三七八）

などと、「神社」と書いて「もり」と読ませる歌がいくつか収録されている。ここから森は神社を表わし、両者が一体視されてきたことがうかがえる。この傾向は、古来日本人が樹木の茂る森や林に神々が鎮まると考えてきたことと無縁ではない。

森を構成する木々のなかでも、とくに立派な樹木は、神が降臨する場所、もしくは神が宿る依り代とされ、神木として神聖視されるなど、信仰の対象ともなっている。

出雲大社の背後は原生林に囲まれている。かつてはこの森から建築のための資材が切り出されていた。

　このように神道では自然を重んじる信仰を持つため、古来神社は鎮守の森の緑に包まれていた。しかも自然状態に任せているため、ほとんどの鎮守の森は人の手が加わらない。結果、榊《さかき》、杉、松、樫《かし》、椎《しい》、楠《くすのき》など、「高い神威」を象徴する常緑広葉樹が周囲を覆い、鬱蒼《うっそう》とした森になったのである。

　ただ、鎮守の森にはもうひとつ、実利的な役割がある。

　この森の木々は、社殿の修復や建て替えの際に材木を提供するのである。伊勢神宮では、境内の森の木から一部の造営用資材を取っていて、御正宮《ごしょうぐう》の床下に奉献する心《しんの》御柱《みはしら》は、今も内宮神苑に属する約五四〇〇ヘクタールの神域林から切り出されている。

摂社・末社

摂社と末社はいったい何が違うのか？

神社の境内で、本殿や拝殿のほかに、小さな社がいくつもあるのを見たことがあるだろう。これらは主祭神とは別の神様を祀っている神社で、本殿の脇や境内のあちこちに建っていることが多く、摂社《せっしゃ》や末社《まっしゃ》と呼ばれている。

それでは、摂社と末社はどこが違うのだろうか。

摂社は、主祭神の后や御子など縁戚関係にある神や、もともとその地に鎮座していた地主神など、主祭神と関わりの深い神を祀る神社である。

たとえば、菅原道真《すがわらのみちざね》を主祭神としている太宰府天満宮《てんまんぐう》には、奥方を祀る楓社《かえでしゃ》のほか、道真の師、両親、子供たちを祭神とした摂社が、本殿を囲むように配されている。

一方の末社は、それ以外の神を祀っている。主祭神との由縁はないものの、余所から勧請された神、崇敬者が新たに勧請した神などで、歴代の神職や氏子を祀った祖霊社も含まれる。しかし、この分類は明治時代に定められた社格制度に基づくもので、戦前までは摂社と末社の区別が厳格になされていたが、現在では両者の違いは曖昧《あいまい》なものとなった。

通常は摂社の方が格上とされ、社も末社より大きいが、そうでない場合もある。摂社・末社ともに社の様式や規模に決まりはなく、本殿と見まがうような拝殿を持つ立派なものから、草に埋もれて苔むした小さな祠まである。配置も、境内のあちこちに点在していたり、まるで集合住宅のようにずらりと並んでいたりと様々である。

境内社の由来

その由来も多様で、創建当初から祭神とともに複数の神様が祀られていた神社もあれば、後世になってから主祭神の后や御子を神として祀ったケースもある。また、神社のある一帯を支配する氏族が変わったため、それまでの主祭神が摂社に移され、新たに主祭神が勧請されたケースもあったようだ。神社の外に位置する摂社・末社もあるし、その反対に明治時代の小祠《しょうし》合祀令によって、路傍の祠が境内に移されたこともあった。

全国の境内社のなかで、ユニークなのは出雲大社の東十九社・西十九社であろう。旧暦の十月は、全国の神々が出雲に集まることから各地の神社は祭神不在となるため、暦で神《かん》無月《なづき》と呼ばれている。ところが出雲だけは神々が集合するので、神有月《かみありづき》と称される。このとき、全国から集まる神々の宿舎となるのが、この東十九社・西十九社なのである。参拝する際は、境内社の由来も教えてもらい、お参りしてみるといいだろう。

神職

神社ではどんな人たちが働いているのか？

神社では神主さんや巫女さんの姿を見かける。彼らはどのような人たちなのだろうか。

神社で働く人は、神主、神官、神職などと呼ばれている。現代の神主は、神社の代表として神に奉仕し、神事を取り仕切る存在である。『古事記《こじき》』においては一〇代崇神《すじん》天皇の時代、三輪山《みわやま》の神が祟りをなした際、神の子孫である大田田根子《おおたたねこ》を「神主」として祭祀を行なわせたというのが、「神主」の語の初見とされる。

昭和二十一年（一九四六）に定められた現行の神社制度のなかでは、神に奉仕して社務をとる者は神職と呼ばれ、上位から宮司《ぐうじ》、権宮司《ごんぐうじ》、禰宜《ねぎ》、権禰宜《ごんねぎ》となっている。

宮司は、その神社の最高位として祭祀や社務のすべてを司る責任者である。

なお戦前の府県社以下の神社の神職は、社司（神社の祭祀・社務を司る）と社掌（社司の命を受け、祭祀・庶務を行なう）と呼ばれた。現在は女性神職も活躍している。

では、神職とは、いつからある職業なのだろうか。

はるか昔、祭祀を執り行なっていたのは、その地域の共同体の長である。この長が中心となり、それぞれ神事役を決めて男も女も奉仕していた。だが、祭祀を行なうためには清浄が尊ばれることから、世俗の生活との両立は難しい。そのため、専門職としての神職や巫女が生まれたと考えられる。

巫女の歴史

女性ならではの奉仕者が、巫女である。かつて女性神職は、神懸《かみがか》りして神の言葉を述べるシャーマンとして祭祀の中心にいた。邪馬台国《やまたいこく》の卑弥呼《ひみこ》が鬼道《きどう》に仕えたという伝承はそのような歴史を反映しているのだろう。

天皇の姉妹あるいは皇女である内親王が、斎王《さいおう》として伊勢神宮の天照大神に奉仕する制度もあった。『日本書紀』に見える倭姫《やまとひめ》を初代とし、中世の戦乱により廃絶するまで存続した。だが、多くの巫女の地位は、神社制度の確立とともに低下していき、神楽舞などを行なう、祭祀の補佐的な役割となった。神託を告げることも神社では禁じられるようになったので、神社を去って民間で神託を行なう者もいた。

現在の巫女は、宮司や禰宜のような位階はないし、資格もとくに必要ではない。神道の知識や奉仕の作法、巫女舞などの教育は、それぞれの神社に委ねられている。神に奉仕するのだから、心身共に清浄であること、未婚であることが条件である。

押さえておきたい日本神話 其の三

天岩戸から八俣遠呂智退治まで

三柱の神のうち、須佐之男命《すさのおのみこと》は大人になっても役目を果たさずに黄泉の国にいる母を思い泣き続けてばかりいたので、とうとう伊邪那岐命《いざなきのみこと》に追放を言い渡される。

須佐之男命はせめて天照大御神《あまてらすおおみかみ》にだけは挨拶をしようと高《たか》天原《あまのはら》に向かうが、高天原で狼藉を働いたために、天照大御神は怒り、天岩戸《あまのいわと》に閉じ籠ってしまった。

太陽は消え、世界は暗闇に包まれた。困った神々は天の安河《やすかわ》原《ら》で相談すると、天岩戸の前で祭りを開くことにした。賑やかな祭りの気配が気になった天照大御神がそっと天岩戸の扉を開くと、手力雄神《たぢからおのがみ》が隙間から岩戸をこじ開け、天照大神を岩戸から引っぱり出した。

こうして世界には再び光が戻ったが、この一件の責任を問われた須佐之男命は、高天原を追放されてしまった。

須佐之男命が地上に降り立つと、美しい娘を囲んで泣いている老夫婦と出会った。話を聞くと、八俣遠呂智《やまたのおろち》という恐ろしい大蛇が毎年一人ずつ娘を食べてしまい、今年は櫛名田比売《くしなだひめ》が食べられる番だと言う。美しい櫛名田比売にすっかり惚れてしまった須佐之男命は八俣遠呂智退治を申し出る。須佐之男命は8つの酒樽を用意し、八俣遠呂智に飲ませると、大蛇が酔って眠った隙にその体を切り裂いて殺した。

こうして八俣遠呂智を退治した須佐之男命は櫛名田比売と結婚し、二人の六代目の孫に大国主神《おおくにぬしのかみ》が生まれた。

第三章

神様が褒めてくれるお参りの仕方

本殿が二つ以上ある場合、どちらから先に参拝するのか？

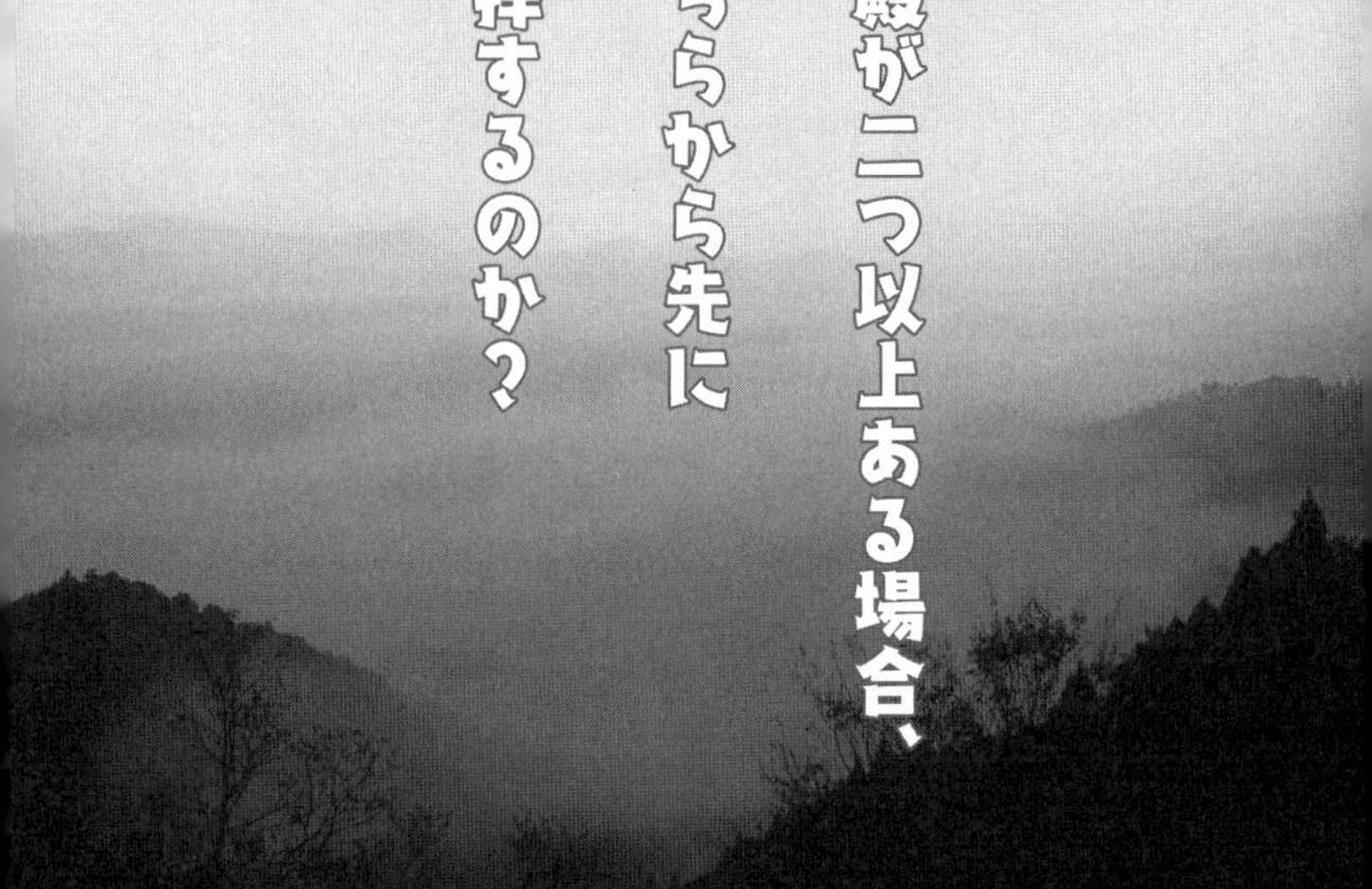

図解 参拝のマナー

神様に褒めてもらうためにマスターしたい境内巡りの作法

手水舎(→133ページ)
まず右手で柄杓をもって左手を清め、続いて右手を清める。再び右手に持ち替えて左手に水を溜めて口を漱ぐ。最後に左手を清めて、柄杓の柄を洗い元に戻す。
参道(→96ページ)
真ん中は神の通り道なので左右どちらかの端を歩くのがマナー。
鳥居(→90ページ)
くぐる前に軽く一礼をする。くぐる際には左右どちらかに寄ってくぐる。参拝後も鳥居をくぐったあとに一例をする。

参拝(→134ページ)
賽銭箱に賽銭を入れ、二礼
二拍一拝を行なう。玉ぐし
おみくじ、絵馬(→139ページ)
おみくじは吉凶にかかわらず持ち
帰って読み返すとよい。
社務所(→143ページ)
参拝を終えた後にお守り、絵
馬などを購入。御朱印も社務
所でお願いする。

参拝の順序

本殿が二つ以上ある場合、どちらから先に参拝するのか？

皇祖神《こうそしん》・天照大神《あまてらすおおみかみ》を祀り、日本で最も格式の高い神社である伊勢神宮《いせじんぐう》は、摂社《せっしゃ》・末社《まっしゃ》を合わせると一二五もの神社があり、正宮《しょうぐう》として、内宮《ないくう》と外宮《げくう》のふたつがある。

内宮は天照坐皇大御神《あまてらしますすめおおみかみ》が主祭神で、外宮は豊受大御神《とようけのおおみかみ》が主祭神である。外宮は天照大神が内宮に鎮座してから約五〇〇年のちに、雄略《ゆうりゃく》天皇の夢に現われて、「一人では食事もままならぬ。豊受大御神を近くに呼んで、安らかに食事ができるように」と告げたため、食事を司る神の豊受大御神を迎えて、創建されたのだという。

ならばまず、天照大神がおわす内宮から参拝するのが自然に思えるが、じつは外宮から参拝するのが慣わしなのだ。これは天照大神が、「外宮の豊受の祭りを先にすべし」と命じたことが由来とされている。

◐本宮がふたつある神社

伊勢神宮のように、本宮がふたつ以上存在する神社も少なくない。伊勢神宮に関しては答えが得られたものの、ほかの神社の参詣順に決まりごとはあるのだろうか。

たとえば滋賀県の日吉大社には、大山咋神《おおやまくいのかみ》を祀った東本宮と、大己貴神《おおなむちのかみ》を祀った西本宮がある。東本宮の大山咋神はこの地の地主神で山の神でもある。一方、西本宮の大己貴神は、その後の時代に勧請《かんじょう》された大和朝廷の国家神である。

大和朝廷は、地主神よりも国家神を上位に位置付けたため、西本宮が大宮、東本宮は二の宮あるいは摂社とされ、その扱いが長く続いた。ところが明治時代になると東本宮の大山咋神が主祭神とされ、西本宮が摂社とされる。そして昭和三年（一九二八）になってようやく、二神は同格で東西ともに本宮とされたのである。こうした複雑な経緯があった日吉大社なのだから、参拝の順序もややこしいのではと思うところだ。しかし、日吉大社に問い合わせてみたところ、とくに定められてはおらず、どちらを先に回ってもよいという。

また、長野県の諏訪大社《すわたいしゃ》は諏訪湖を挟んで、南に本宮《ほんみや》と前宮から成る上社《かみしゃ》、北に春宮《はるみや》と秋宮《あきみや》から成る下社が鎮座している。諏訪大社とは、この二社四宮の総称なのである。

だが参拝の順序は、諏訪大社でも決められてはいないようだ。時間に余裕があったなら四社すべて回ればいいし、そうでなかったら今回は上社だけ、他の社は別の機会にといった形でもかまわないとのことであった。

参拝の順序は、特別な由来のある場合を除いては、とくに決まりはないようだ。

玉串を奉納するのはなぜなのか？

昇殿参拝

特別な祈願をしたい場合は、拝殿のなかで昇殿参拝をする。その際、社務所に申し出て、神職の指示に従い、一定の手順を踏んで玉串《たまぐし》を奉納するのが正式な参拝である。

拝殿に入ると、まず神職が祓詞《はらえことば》を唱えてお祓いをする修祓《しゅばつ》を行なう。次に祝詞《のりと》が奏上される。これが終わると、参拝者は神職から玉串を受け取る。玉串とは榊《さかき》の小枝に紙垂《しで》や麻芋をつけたもので、紙垂や麻芋は神の衣となり、人間の罪や穢《けが》れを祓うとされた。

玉串を受け取るときは、右手で根元を上から持ち、左手で中ほどよりやや先を下から支える。葉先を少し高くしたら、胸の高さに玉串を持って神前に進み、一揖する。次に根元が自分の側に来るように、右手を表に返しながら時計回りに九十度回し、玉串を立てながら左手を手前に滑らせて右手に添える。

ここで、両手で玉串を捧げ持ち、立てたまま祈りを込める。祈りを込めたら右手を葉先にずらし、また時計回りに玉串を一八〇度回して、榊の根元を神前に向ける。神前には、玉串を乗せる「案」という木の机があるので、玉串をその上に供え、一歩後ろに下がり、二拝二拍手一拝の作法で拝礼する。

細かい所作の連続となるが、分からなくなったら神職がその場で教えてくれるので、慌てることはない。それでも、少しでも覚えておくと落ち着いて奉納できるだろう。

大切なのは、玉串は常に両手で支えること、途中で玉串を立てて祈念することである。

玉串とは何か?

神社で正式参拝することを玉串拝礼、玉串奉奠《ほうてん》というし、神社に奉納する金銭は玉串料と呼ばれ、玉串は重視されている。この玉串は、何を意味しているのだろうか。

玉串の意味は参拝者が祈念を込めて捧げるものとするのが一般的である。玉串を捧げるという行為はもともと神宝《しんぽう》や神の衣を捧げるという行為に代わるものであった。その起源は、神の依代とした立てた常緑樹で、緑の葉が冬でも枯れることがないことから、神の徳が続くことの象徴とされた。それが次第に榊の枝になり、紙垂をつけるようになったと考えられる。

拝礼が終わると、神職が神に捧げていた神饌《しんせん》と御神酒《おみき》を下げ、参拝者も御神酒をいただく。ここで遠慮をしてはいけない。神と共に飲食するのは直会《なおらい》という儀式であり、これをいただくことで、御神威を直接身につけることができるのだ。

手水舎

参拝前にはなぜ手をすすぐのか？

神社の鳥居をくぐると、神様の前に手水舎《てみずしゃ》で手と口を濯《すす》ぐという儀礼が待っている。

手水舎は、参道の脇に設けられていることが多い。四本の柱に屋根がかけられ、その下に大きな水盤《すいばん》が据えてあり、そこにきれいな水が注いでいるのを見たことがあるだろう。柄杓が伏せて置かれてあるが、これは水を飲むところではない。「手水を使う」といって口を濯ぎ手を洗って、心身を清める場なのである。

手水を使うのは、古代神話で黄泉国《よみのくに》から戻った伊弉諾尊《いざなきのみこと》が禊をし、死者の国でついた穢れを洗い落としたことが起源である。神道の神様はことに不浄を嫌うため、神事を行ない、願い事をする前には身と心を清めなくてはならないのだ。

これは、家でお風呂に入ってきたし、悪事など働いていないからいいというものではない。人間が通常の生活を送っていると、どうしても罪や穢れが身につき、それが少しずつ積み重なってゆく。これはある意味、やむをえないことでもあるのだが、神様の前に出るときには、まっさらな心にならなくてはいけない。そのために行なうのが、禊《みそぎ》なのである。

かつて伊勢神宮の神職が禊を行なった五十鈴川は、天然の手水舎となっている。

本来の禊は手水舎ではなく、清流や海で行なうものだった。神社のそばにある川や海を祓所《はらえどころ》として、そこで手足を洗い、神社に詣でたのである。

現在も伊勢神宮内宮では、五十鈴川《いすずがわ》の御手洗場で身を清めてから参拝する伝統が続いている。また玄界灘《げんかいなだ》に浮かぶ女人禁制の孤島沖ノ島《おきのしま》にある、宗像大社《むなかたたいしゃ》の沖津宮《おきつみや》は、上陸する際に浜で裸になって禊をするのが決まりである。

だが、そのような条件に恵まれている神社ばかりではなく、近くに川がなかったりしたので、清めの場として手水舎が設けられたのである。だから神社にお参りするときは、手水を使うのを省略してはいけない。手水舎は心を洗うために置かれているのだ。

なぜ参拝の際に賽銭を投げるのか？

賽銭

手水舎でお清めを済ませたら参道を進み、拝殿の前に立ったらまず賽銭箱にお賽銭を入れる。

このとき、お賽銭を放り投げるように賽銭箱に入れている人がいるが、あんなことをして不謹慎ではないのだろうか。

お賽銭にまつわる疑問の答えを探る前に、賽銭箱の上に吊るされている鈴について考えてみたい。この鈴は御鈴《みすず》といい、鈴についている紐は、鈴緒《すずお》あるいは叶緒《かねのお》という。鈴は巫女舞《みこまい》や神楽でも鳴らされたり、お守りについていたりと、神様と関わりの深いものである。

参拝者が神社で鈴を鳴らすのは、清々しい音で自分の心身を清めるため、神様をお呼びして力を発動していただくため、邪霊を祓うため、神界との間を結ぶためなど、たくさんの意味がある。それゆえ、はっきりした音が出るよう気持ちを込めて鳴らすことによって効果が発揮される。

◒ 賽銭はもともとお米だった⁉

一方の賽銭は、仏教の喜捨金などと同じく、神への感謝の意を示すものである。かつては海の幸、山の幸、酒、絹などと共に、その秋に収穫した初穂米を白紙に包んで「おひねり」として供えていた。やがて貨幣経済が浸透し始めた室町時代頃から、米の代わりに銭貨が供えられることが多くなり、「賽銭」となった。そして庶民も大きな神社に群れ集って参拝するようになったため、賽銭箱が拝殿の正面に置かれるようになったのである。

現代でも神社に奉納する金銭は「初穂料《はつほりょう》」と呼ばれているが、これは米を納めていた時代の名残である。近年までは、一般の家庭でも、米に限らずその年の初物や到来物を一旦神棚にお供えしてからいただく風習があった。これもその名残である。

お賽銭を投げ入れるのにも、意味がある。散米といって、神前にお米を撒き散らし、お米を供える儀礼があったのだ。これは、その米の持つ霊力で祓い、加護をいただき活力を増すことになるという。

だから賽銭を放り投げるのも、散米と同様で、罪や穢れを祓って供えるためで、神様に対して失礼にはあたらない。賽銭は、そっと賽銭箱に入れても、放り投げてもいいのである。ただし現代では、軽く放るくらいが見た目もよいようだ。

祈るときに柏手を打つのはいったいなぜ？

お賽銭を入れ終わったら、いよいよ神様への参拝である。祈りの作法は、「二拝二拍手《はくしゅ》一拝」が基本である。「拝」とは深々としたお辞儀で、「拍」は両方の手のひらを合わせて音を鳴らす「拍手」。「柏手《かしわで》」と「拍手」は同じ意味である。では正しい参拝の所作を細かく見ていこう。

まず軽いお辞儀の一礼（四十五度）を一回する。これは「二拝」のうちに入らないので、ここで心を落ち着ける。次に賽銭を入れ鈴を鳴らす。続いて背筋を真っ直ぐ、腕を指先まできちんと伸ばして脇につけたら、腰が直角に曲がるほど深いお辞儀をする。この「拝《はい》」を、二回する。

次が「二拍手」である。音は高らかに響かせるのだが、力まかせに激しく手を叩くのではなく、まず両手を合わせ、右手を左手より少し下げ、左の手のひらに空気を包み込むような気持ちで叩く。このとき、手のひらを自分の胸の高さまで上げると、美しい姿勢を保てる。

拍手の後で、両方の手のひらを合わせて、祈りや願い事をする。その後改めて背筋を伸

参拝の手順

一 拝殿前で一礼する。

拝殿前で軽く一礼し、その後、拝殿へ進み再度45度に腰を折って一礼する。

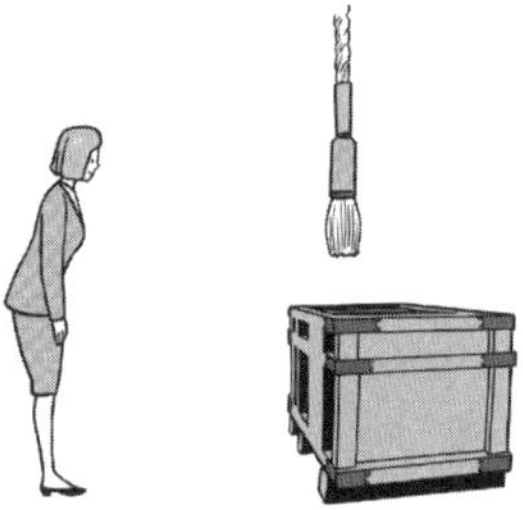

二 賽銭を入れ鈴を鳴らす。

賽銭箱に金銭を入れ、鈴があれば鈴緒を引いて鳴らす。

三 二礼二拍一拝を行なう。

２度のお辞儀（腰を90度に曲げる）をし、２回柏手を打つ。その後、胸の前で両手を合わせてお祈りをし、最後にもう一度お辞儀をする。

四 参拝後、神前から少し下がり一礼。鳥居を出たところで再度本殿に向かって一礼する。

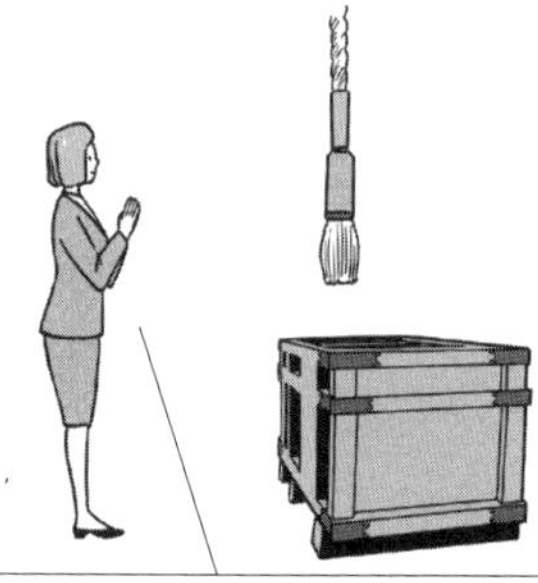

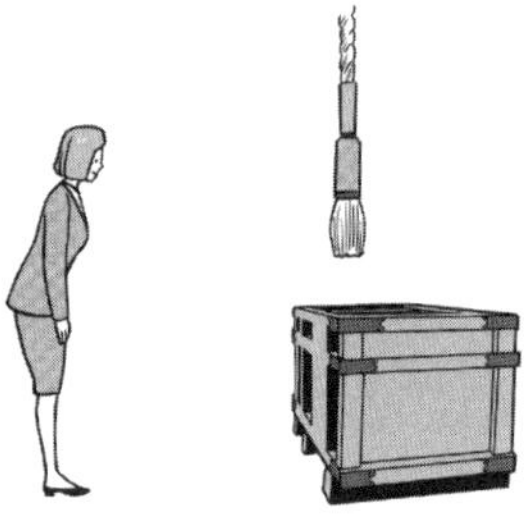

柏手を打つ回数は、一般に２回であるが、出雲大社では四拍を行なう。伊勢神宮の神職は八度拝・八開手を行なうが、一般の参拝者は行わない。

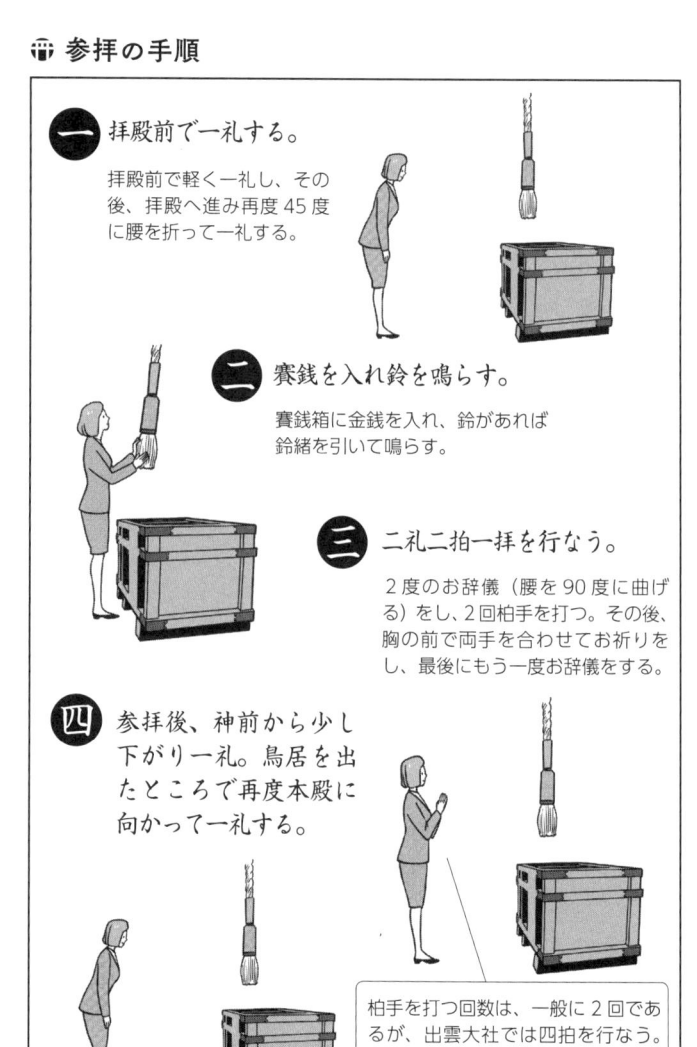

ばし一拝する。そして最後にまた「一礼」をして、神前を退く。つい回れ右をしそうになるが、神様にお尻を向けては失礼にあたるので、右足から後ずさりして退くようにするとよい。

拍手の意味とは？

一連の動作のなかで神道独特の動きが「拍手《はくしゅ》」である。「かしわで」とも呼ばれ、実際に参拝のときに手を打ち鳴らすのは、世界の宗教のなかでも珍しい。

柏手は、神様だけではなく人への表敬を表わす行為でもあった。神道の作法としては、手を合わせることは表裏のない誠の表現で、拍手する者の歓喜を示すともいわれている。

ただし、「拝」や「拍手」は古代から行なわれてきたものの、神社共通の祭式として「二拝二拍手一拝」の作法が定められたのは昭和二十三年（一九四八）と、それほど昔の話ではない。

だが出雲大社や宇佐神宮では、古くから伝わる二拝四拍手一拝が作法とされている。これは柏手を打つ数の多さによって、さらなる畏敬の気持ちを表わしているのだという。

また伊勢神宮の神職は、最も丁寧とされる八度拝八開手《やひらで》を行なっている。これは、坐った位置から立ち上がる起拝の動作を四度行ない、次には坐って平伏し、手を八回打つというものである。ただし、あくまで神職の作法であり、一般の参拝者が行なう必要はない。

おみくじ

日本人はなぜ占いやおみくじが好きなのか？

参拝を済ませて振り返ると、多くの人が社務所でおみくじを引いているのが見えるだろう。「大吉だわ」「うわっ、凶だよ」などと、はしゃぐ人もいる。

現代のおみくじには、吉凶や金運、恋愛、学業、縁談、進学、転居、事業、方位、失せ物、旅行、健康、待人、就職など広く生活上のアドバイスが書かれており、気軽に運勢を占うことができる親しみやすいものである。

凶などよくない結果が出た場合、御神木に結って帰れば厄を祓うことができると言われるが、現代では樹木の保護のために、おみくじを結ぶ場を設けているところが多い。

古代から、人は多くの占いを行なってきた。

巫女を介して神の言葉を聞く神託をはじめ、夕方に偶然聞こえてきた人の言葉から物事を占う夕占《ゆうけ》、吉凶の言葉あるいは偶数・奇数によって目標まで歩を進めて占う足占《あうら》など、個人のささやかな占いもあった。

そして国家では、鹿の肩甲骨を焼いてその割れ方で見る占い、亀の甲羅のひび割れで見る亀卜《きぼく》などで神慮を伺い、豊作か否か、謀反鎮圧の可否などを占っていたのである。これらは国家の重要案件であり、占いを行なう者の位は高く、占いを司る役所も置かれた。

くじびきで政治が決まった⁉

中世になると、神仏の前でくじを引く占いが急速に広まった。これが、現在のおみくじのルーツである。

鎌倉幕府を開いた源頼朝《みなもとのよりとも》は、鶴岡社の遷座先を巡ってくじを引き、今の鶴岡八幡宮の場所を決定した。また、室町幕府の六代将軍義教《よしのり》は、四人の兄弟のなかから、くじの結果で選ばれて将軍の座についた。明智光秀《あけちみつひで》も、本能寺《ほんのうじ》の変を前に謀反の吉凶を愛宕権現《あたごごんげん》のおみくじで占ったという。

政治上の重大事をくじで決めるなど、現代人には考えられないが、人智では決定できないことを神の判断に委ねたのである。

鎌倉時代には、一般の参拝者もおみくじを手に入れられるようになったが、現代のように個人の運勢を占うおみくじが神社に据え置かれるようになったのは、江戸時代になってからである。箱に、一、二、三と記した竹串や木札を入れておき、「〇〇なら一が下りますように」と念じながら引き、願いがかなうかどうかを占う「一二三のくじ」が流行した。

馬以外も描かれているのに、なぜ絵馬なのか？

絵馬

神社の境内には絵馬がたくさん奉納されている場所があり、受験シーズンになると、合格祈願の絵馬がぎっしり並んだ様子が報道される。そのほかにも縁結びや家内安全、商売繁盛など様々な願いを記した「絵馬《えま》」を見ることができる

絵馬は願い事が書かれた小さな木の板で、名前のとおり馬の絵が描かれているものが多いが、それ以外の絵柄もある。でも、なぜ神社に馬の絵を奉納し、馬以外の絵柄ものまで絵馬と呼ばれているのだろうか。

古来馬は、神の乗り物とされ神聖視されていた。現代でも、大きな神社では御厩を設けて馬を神馬《しんめ》として飼っていることがあるし、かつては生きた馬が実際に奉納されていた。しかしそれでは、奉納する側も負担が大きい。そこで奈良時代には土や木で馬を象《かたど》った「馬形《うまがた》」を奉納するようになり、平安時代からは馬の形をした木の板に馬の絵を描いて奉納するようになった。これが絵馬の始まりである。

室町時代になると、伏見稲荷の狐、天満宮の牛、日吉神社の猿など、それぞれの神社の

願いをかなえる絵馬奉納の作法

一 参拝後、絵馬に願い事を書く

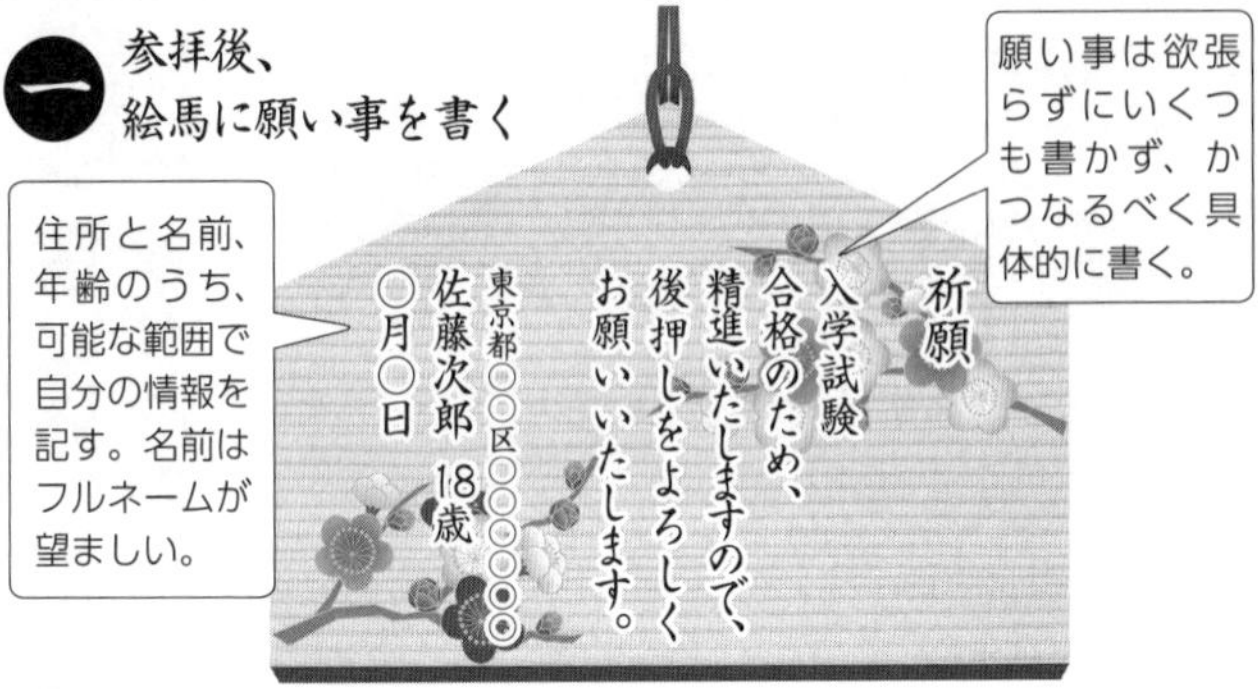
願い事は欲張らずにいくつも書かず、かつなるべく具体的に書く。
住所と名前、年齢のうち、可能な範囲で自分の情報を記す。名前はフルネームが望ましい。
祈願
入学試験合格のため、精進いたしますので、後押しをよろしくお願いいたします。
東京都◎◎区◎◎◎◎◎◎
佐藤次郎 18歳
◯月◯日

二 定められた場所に奉納する。

三 願いがかなったら感謝の報告に伺い、絵馬を奉納する。かなわなかった場合は結果報告のみにとどめる。

神使とされる動物も描かれるようになった。安土桃山時代には、狩野派《かのうは》などの有名な絵師たちが腕を振るった大型の絵馬が競うように奉納され、それを人々が鑑賞できるよう絵馬堂が建てられた。

誰もが見ることのできる絵馬は、コミュニケーションツールにもなった。江戸時代の数学者、和算家たちは自分で考えた問題や解法を書いた「算額《さんがく》」を奉納して、神社を発表の場としたのである。当時は庶民の間でも算術が盛んであったため、学者同士だけではなく、一般の人々もそれを見て問題を解くのを愉しみとする流行が生まれた。

現在は、時代に合わせて、アニメのキャラクターが描かれた絵馬も奉納され、時代を映す鏡ともなっている。

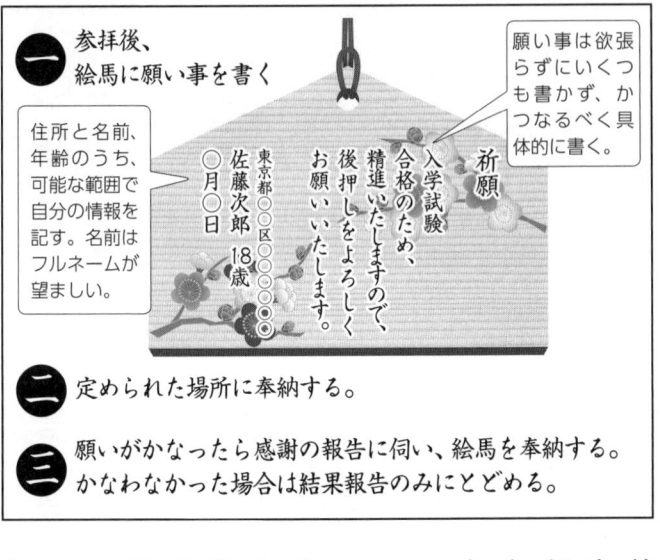

お守り

お守りのなかには何が入っているの？

おみくじや絵馬と同じように、神社でお受けできるのがお守りやお札である。受験やお産、家の新築など、人生の節目には、お守りやお札を親しい人から贈られることもある。別々の神社、別々の神様のものを持っていていいのだろうかと心配する人がいるが、大丈夫。神様は諍うことなどなく、それぞれの神徳をもって持ち主を守ってくれる。

お守りは、小さな袋に入って、常に身につけられるようになっている。袋が色鮮やかな錦だったり、鈴がついていたりするものもある。子供の頃、そうしたお守りの袋を開けてなかを見ようとして、叱られた経験のある人もいるのではないだろうか。あのなかには、何が入っているのだろう。

お札からお守りへ

古代の人々は、悪霊や災厄から身を守るために、神の霊力が宿ったものを持ち歩いた。それは御神木の一部だったり、神様が宿っているとされる勾玉などの石、鏡、剣、麻、米、豆、塩だったりと様々である。

そうした土壌があるなかで仏教が伝来し、やがて九世紀、密教が日本に輸入された。現在のようなお守りは、この密教を信奉する人々の間で始まったという説がある。彼らは出かける際道中の安全を願ってお札を首にかけていた。

お札は亡霊除けとして戸口に貼られた古代中国の護符を起源とし、それが日本へ伝来してお札になったと考えられている。

全国に広まったのは、平安時代に伊勢神宮が大祓大麻《おおはらいたいま》、御祓大麻という名称で配ってから で、明治時代からは神宮大麻と呼ばれるようになった。

そうしたお札をコンパクトにし、携帯に便利な形にしたのが、お守りなのである。

気になる中身だが、神名や神社の名、形像、呪文、神使の動物などが書かれた紙片や木片が入っているのが一般的である。水晶や勾玉など、伝統的なものを入れたお守りもある。

一方、お札は携帯用ではなく、家の戸口や壁、柱に貼ったり、神棚に祀ったりして魔除けとし、災いを退散させるものである。長方形の紙片や木札に、神の名や姿、神社の名、形像、呪文、神使の動物、祈願の文言などが書かれ、朱印が押されている。

中身について説明してきたが、お守りもお札も、開けてみたりしてはいけない。神社の御神体を見ることができないのと同じで、見るものではないのである。

お守りの誕生

古代人がつけていた
勾玉

〈込められた願い〉
・魂を表わす勾玉を身に着けることで心を平静に保つ。
・心を平静に保つことで神々の助けを得る。

仏教文化

護符（お札）

寺院や陰陽師が信者に配布した。

お守り
が誕生

〈込められた願い〉
・無病息災
・家内安全
・学業成就 など

神の霊力の宿ったもの

お守り

お札を小さくしたもので、神の分霊が宿るとされる。身に着けることで、あらゆる災厄から守られる。

お札

神札、護符などと呼ばれ、神の分霊が宿る。家の戸口や神棚などに祀る。

破魔矢

江戸時代に魔除けの縁起物となった。作物の出来を占う神事で用いられていた矢が起源。

神符

木や紙に神社の祭神や神使などの図像や文字が記されたもの。

column

押さえておきたい
日本神話
其の四

大国主の国譲りから天孫降臨

須佐之男命《すさのおのみこと》と櫛名田比売《くしなだひめ》の六代目の子孫である大国主神《おおくにぬしのかみ》は、須佐之男命の娘・須勢理毘売《すせりびめ》を娶り、地上世界「葦原中国《あしはらのなかつくに》」の王となっていた。

高天原《たかあまのはら》からその様子を見ていた天照大御神《あまてらすおおみかみ》は葦原中国を、「自分の子が統治する国である」として、大国主神を説得するために、使者を地上に派遣することにした。

まずは、天菩比神《あめのほひのかみ》を地上に派遣したが、天菩比神は大国主神を尊敬し、その部下になってしまった。

そこで今度は天若日子を派遣したが、天若日子《あめのわかひこ》は大国主神の娘と結婚し、やはり大国主神の味方になってしまった。

そこで、天照大御神は3回目の使者として武勇に優れる建御《たけみ》雷神《かづちのかみ》と天鳥船神《あめのとりふねのかみ》を派遣し、強談判をすることにした。

大国主神の子・事代主神《ことしろぬしのかみ》はこれを承諾し、もうひとりの子である建御名方神《たけみなかたのかみ》も建御雷神に屈服したため、大国主神は天照大御神に国を譲ることを約束した。

天照大御神はさっそく自分の子である天忍穂耳命《あめのおしほみみのみこと》に葦原中国を統治するように命じ、準備にとりかかせるが、ちょうどそのときに天忍穂耳命の子、邇邇藝命《ににぎのみこと》が生まれたので、地上には邇邇藝命が降りることになった。

邇邇藝命は天照大御神から三種の神器である八坂瓊勾玉《やさかにのまがたま》、鏡、草薙剣《くさなぎのつるぎ》を受け取ると、国つ神の猿田毘古神《さるたひこのかみ》に案内され日向の高千穂の久士布流多気《くしふるたけ》に降り、立派な宮殿を建てた。

第四章

暮らしのなかに潜む神道の考え方

どうしてお盆ではご先祖様をお迎えするのか？

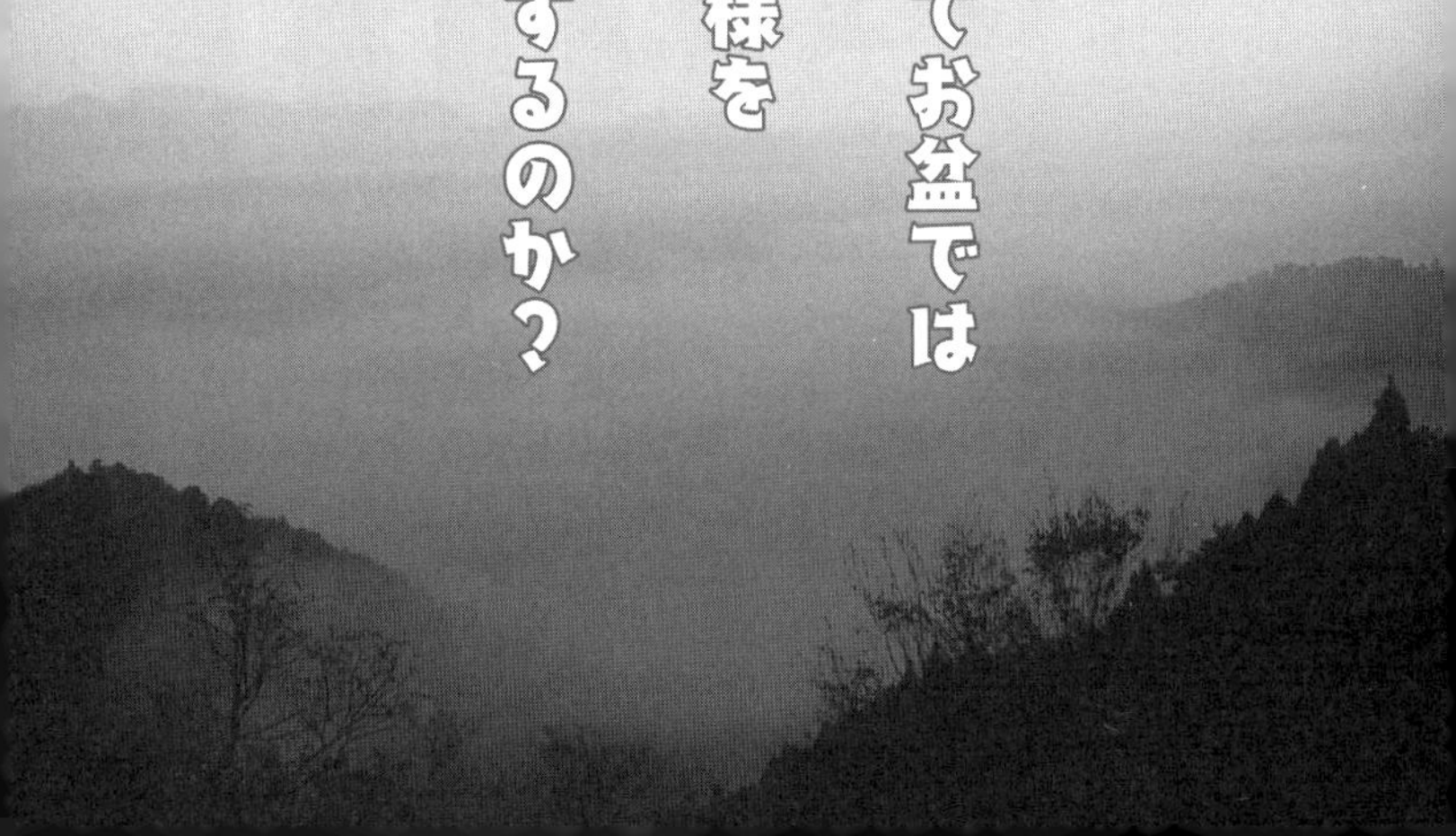

秋祭り(→150ページ)
収穫を感謝する祭り。豊作を願う春祭とともに農耕の神事に由来する。
神輿(→154ページ)
神の御霊が渡御する際の乗り物。激しく揺さぶることで神の霊力を奮い起こす。

図解 祭りの風景

春・夏・秋……　全国津々浦々で展開される日本の風物詩

夏祭り（→152ページ）
無病息災を願う夏祭りは御霊信仰に起源を持ち、主に都市部で行なわれる。
山車（→156ページ）
人形、花、鉾などの飾りをつけた車。神の依代としての役割を持つ。

秋祭り

そもそも祭りは何のために始まったのか？

日本では、いつもどこかで祭りが行なわれている印象がある。確かに各地の神社でも、四季を通じて様々な祭りがあるが、祭りとは、一体何のために行なうのだろうか？

祭りの語源は、「まつる（奉・献）」ことだという。「まつる」とは「やる」「おくる」の謙譲語で、貴人や神に供物を供えることである。神饌を供えて感謝を捧げ、平安無事や五穀豊穣《ごこくほうじょう》を願うのが祭りである。そして神社の祭りは、大きく「神事」と「神賑行事（祭礼）」の二つに分けられる。

「祭式」は、神職が中心となって身を清め、祝詞《のりと》を奏上して粛々と行なう儀式であり、非公開とされていることも多い。これに対して「神賑行事（祭礼）」は、氏子に限らず大勢の人が見物したり、参加したりして、楽しむことができるのが特徴である。通常「祭り」と呼ばれるのは、この祭礼である。

人間の活力は、暮らしのなかで徐々に失われてゆく。だが、祭りの非日常（ハレ）の時間を神と共有すれば、日常（ケ）に戻ったときの活力を回復することができると考えられてきた。人間が神を迎えて共に楽しめば、神への感謝は増し、神もそれを喜ぶのだという。だから、祭りで浮かれたり、はしゃいだりするのも、神の意に沿ったことなのである。

破ってはいけない祭りのタブー

だが祭りにも、外してはいけないルールがある。それは、神社や祭神の由緒ある日に、決められた場所で行なうことである。そうした例祭、例大祭といった大きな祭りは、春と秋に集中している。これは、稲作を営んできた日本人が、春に豊作を祈願し、秋には収穫に感謝して行なってきた神事が祭りの起源となったためである。ことに秋は、収穫という一年でもっとも喜ばしいことがある。神にその年の初穂を捧げて豊作を報告し、その実りを神と共にいただく儀式が秋祭りなのである。また祭りは、共に稲作を行なった共同体によって行なわれ、共同体内の絆を高める役割も果たす。

毎年の十一月二十三日は、「勤労感謝の日」として国民の祝日になっているが、本来は宮中と全国の神社で催される新嘗祭《にいなめさい》の日である。新嘗祭の「新」は新しい、「嘗」は味を見る、食べるという意味であり、また、「ニイアへ」は「新しいごちそう」という意味である。今もこの日、宮中で厳かな儀式が行なわれ、各地の神社でも神前に新穀を供え、神に豊作を感謝している。

夏祭り

賑やかな夏祭りはどうして生まれたのか？

夏祭りは、賑やかさのなかにも厳粛さのある秋祭りと異なり、華やかさ、楽しさを前面に押し出したものが多い。また、京都の祇園《ぎおん》祭のように、主に都市部が祭りの舞台となる。

しかし、一年で最も暑いこの季節に、どうしてわざわざ祭りを行なうのだろうか。

実は夏祭りのルーツは、疫病退散の儀式なのである。夏は、暑さのなかで衛生状態が悪化しがちで、かつては疫病《えきびょう》が発生しやすかった。しかも人口密度の高い都市部では、いったん疫病が発生すると、たちまち蔓延して多くの人命が失われた。そうした災厄を当時の人々は、非業の死を遂げた貴人の怨霊《おんりょう》による祟《たた》りと考えた。これを御霊《ごりょう》信仰という。

そこで祟りをもたらす怨霊を鎮めるために始まったのが、御霊会《ごりょうえ》である。記録に見られる最初の御霊会は、貞観《じょうがん》五年（八六三）に京の神泉苑《しんせんえん》で行なわれたもので、冤罪によって無念の死を遂げた、早良《さわら》親王らを祀るものだった。

祭礼の場では音楽が奏でられ、奇術や曲芸などの芸能が競われ、角力《かくりき》や騎射、競馬などの演戯も催されて、人々が群がり集まったとある。御霊会は、当初から芸能的な要素を持っていたのだ。これは、疫神を境界の外に追いやるためには、芸能などでもてなして、人々が熱狂ぶりを見せると効果があると信じられていたからである。

疫病除けのために神々を祀る

ところが、御霊会を行なっても疫病や災厄は収まらなかった。そこで建立されたのが、崇神を祭神とした御霊神社である。京都には御霊系の神社として、上御霊神社、下御霊神社、今宮神社、祇園社（八坂《やさか》神社）、北野天満宮があり、全国各地に目を向けると、その数は膨大なものとなる。怨霊を祭神とするのは、現代人の感覚からすると不思議かもしれない。だが御霊信仰は、丁寧に祀ることによって、怨霊の恨みを封じ込めようとするもので、鎮魂により和魂《にぎみたま》になった神々は、今では産土神《うぶすながみ》として氏子《うじこ》を保護しているのである。

祇園祭も、もとは氏神を中心とした狭い地域で行なわれていた小さな祭りだった。それが、貞観十一年（八六九）に御霊会が始まり、強力な疫病神である牛頭天王《ごずてんのう》を祀って疫病を調伏しようとしたことから大がかりになり、やがて山鉾《やまぼこ》を曳く町衆の間で対抗意識が生まれるなどして、より豪華になったのである。

各都市で行なわれる花火大会や七夕祭なども、その由来をたどってみると原点は祭りにあることが多い。

神輿

お神輿をあんなに乱暴に扱って神様は怒らないの？

お神輿《みこし》が町を練り歩くさまは、まさにお祭りのクライマックス。担ぎ手たちのかけ声が響き渡り、その威勢のよさに、見物人も大盛り上がりとなる。そのお神輿には神様が乗っているそうだが、あんなに乱暴に揺らしていいのだろうか。丁寧に扱わなくては、神様に失礼で、怒らせてしまうのではないのだろうか。

たしかに神輿は、神が普段の住まいである神社の本殿から出て、別の場所に移動するための乗り物である。その初見は天平勝宝《てんぴょうしょうほう》四年（七五二）、東大寺の大仏建立の際のことで、宇佐八幡から神霊を勧請《かんじょう》する際に、聖武天皇が屋根の上に鳳凰《ほうおう》が乗る鳳輦《ほうれん》という輿を作らせたとあり、これが神輿の源流になったという。

文字どおりの〝神の輿〟なので、神社のミニチュア版といった造りになっており、屋根の上には鳳凰、四方には鳥居を据えて、漆《うるし》や金具、細かい彫刻などの細工で埋め尽くされた四角形のものが多い。神輿が祭礼で氏子の住む地域を練り歩くことを渡御《とぎょ》といい、渡御が終わると神輿が神社に戻って、神はまた本殿に鎮座することになる。

神輿の部位

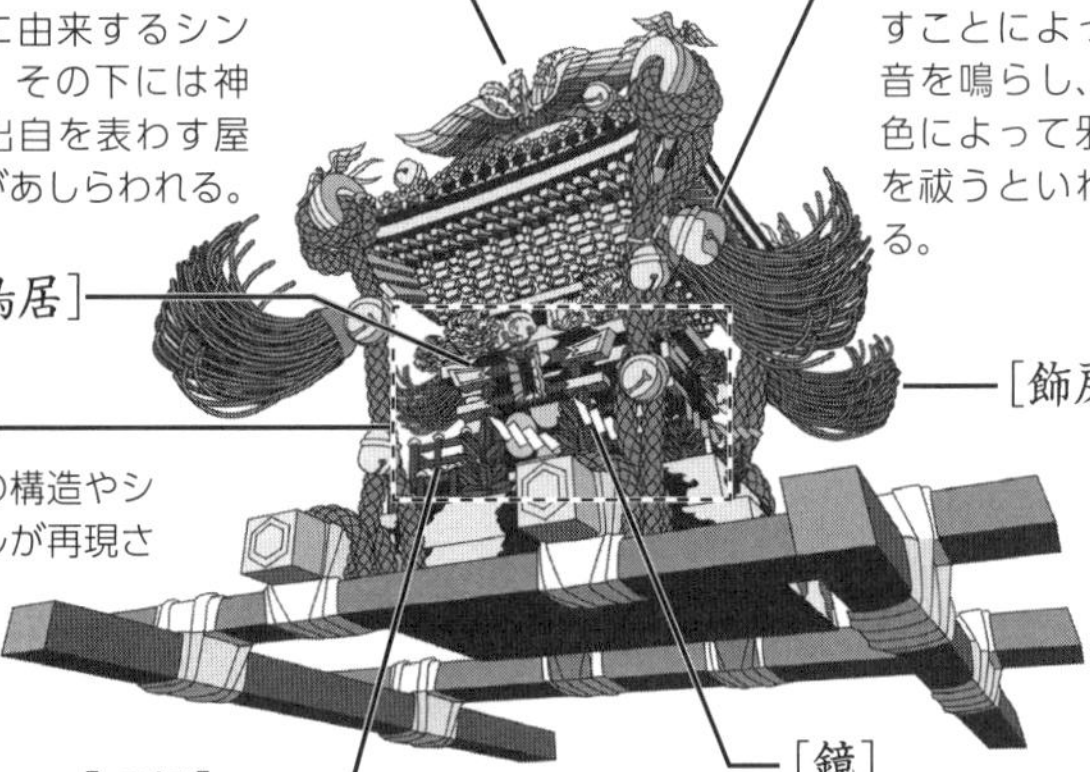
[鳳凰]
天皇の乗り物である鳳輦に由来するシンボル。その下には神輿の出自を表わす屋根紋があしらわれる。
[鈴]
神輿を振り動かすことによって音を鳴らし、音色によって邪気を祓うといわれる。
[鳥居]
[飾房]
[堂]
神社の構造やシンボルが再現される。
[囲垣]
[鏡]
神前を飾る装飾。

祭礼で巡行している神輿は、かなり乱暴に担がれているし、ときにはさらに激しく揺さぶられるなど、まるで放り投げんばかりに扱われている。

だが、こうした扱い方は、神輿振り、神輿荒れと呼ばれ、神の意に沿った行為なのだ。

神輿に乗った神は、しずしずと運ばれる場合もあるが、激しく振られれば振られるほど活力が漲《みなぎ》って喜ぶため、疫病退散や豊穣・豊漁をもたらしてくれるのだともいう。また、神輿振りそのものが、神の意志によって起こるのだともいう。

まさに神輿振りのときの担ぎ手たちは、神と一体化した神がかり的な状態にあるといえよう。

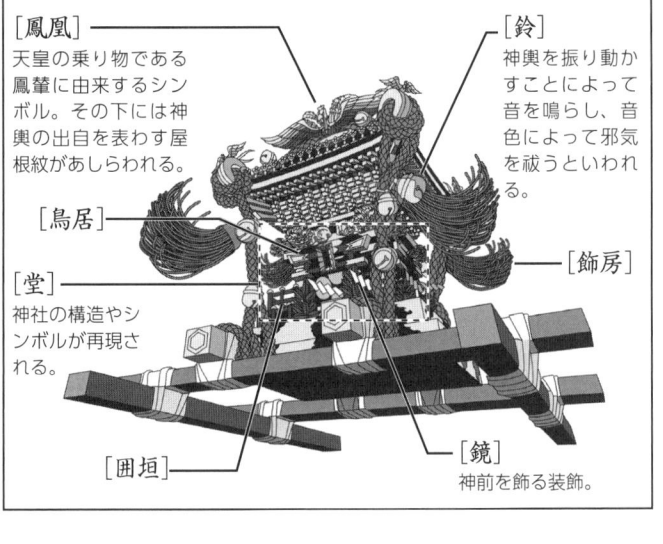

山車は神輿とどうちがうの？

山車

お神輿と同じように、祭礼で町を練り歩くのが山車《だし》である。どちらも祭りを華やかに彩って、多くの人の目を惹きつけるが、この二つはいったい何が違うのだろうか。

神輿と山車には、明確な違いがある。

まず、神輿は神の乗り物で、神社で神様がお乗りになってから氏子たちに担がれて町中を歩く。神は氏子たちの暮らしぶりを見て、町や人々を清め、幸いを授けるのである。

それに対し山車は神が宿る「依《よ》り代《しろ》」であり、町中を歩きながら神様を招き入れるための車である。山車は、高さのある台車あるいは屋台を、神木・鉾や人形、花などで飾りつけたもので、笛や太鼓の賑やかなお囃子《はやし》のなかを氏子が曳いたり担いだりして移動する。神木は神が降臨するための依り代で、お囃子は神を喜ばせて出現させる役割を持つとともに怨霊を鎮め、疫病を町の外に追い出す効力もあるという。

山車の由来は、平安時代に遡る。天皇の即位後に行なわれる大嘗祭《だいじょうさい》で、神の鎮座する作り山として「標山《しめやま》」が二基築かれた。これは、神霊を内裏《だいり》にお迎えするためで、そこには様々の縁起のいい飾りが華やかに施されていた。これを模して祭りで曳いたものが、今日の山車になったという。

山車という名称は、台車あるいは屋台の上に、装飾が高く掲げられていることに由来すると考えられるが、その呼び名や形は地方と時代によって異なっていて、山鉾《やまぼこ》、屋台《やたい》、笠《かさ》鉾《ぼこ》、曳山《ひきやま》、山笠《やまがさ》、地車《だんじり》、御車《みくるま》など多数ある。

桐生祇園祭の山車。山車は神の依代とされる。

巡行の途中で、山車の上でからくり芝居や歌舞伎を行なうものもあれば、なかには岩手県陸前高田市のケンカ七夕などのように山車同士を激しく衝突させる巡行もある。

一方東京には、山車が巡る祭りは少ない。江戸時代までは数多く残っていたが、明治以降の電線の普及で町を巡るのが難しくなり、さらには関東大震災や東京大空襲によって途絶えてしまったものが多いためである。

二十四節気

	名称	新暦の目安	意味
春	立春(正月節)	2月4日	節分の翌日で、暦の上で春が始まる日。
	雨水(正月中)	2月18～19日	氷や雪が解けて雨が降り出す頃。
	啓蟄(二月節)	3月5～6日	土にいた虫が地上に這い出して活動を始める頃。
	春分(二月中)	3月20～21日	春の彼岸の中日で、昼夜の長さがほぼ同じになる日。
	清明(三月節)	4月4～5日	万物が清らかで明るい季節。
	穀雨(三月中)	4月20～21日	春雨が穀物を成長させる時期。
夏	立夏(四月節)	5月5～6日	夏が始まる日。
	小満(四月中)	5月21日	万物が充実し、草木枝葉が繁茂する季節。
	芒種(五月節)	6月5～6日	麦など毛を持つ穀物の種を撒く時期。
	夏至(五月中)	6月21～22日	太陽が軌道上で最も北に位置し、昼間の時間が最長になる日。
	小暑(六月節)	7月7～8日	梅雨明けが迫り、暑さが本格化する時期。
	大暑(六月中)	7月22～23日	快晴が続き、最も気温が高くなる時期。
秋	立秋(七月節)	8月7～8日	秋が始まる日。
	処暑(七月中)	8月23～24日	夏の暑さが落ち着き、涼しい風が吹き始める時期。
	白露(八月節)	9月7～8日	大気が冷えてきて、野草に露が宿り始める頃。
	秋分(八月中)	9月23日	秋の彼岸の中日で、昼夜の長さがほぼ同じになる日。
	寒露(九月節)	10月8～9日	露が冬の冷気で凍りそうになる時期。
	霜降(九月中)	10月23～24日	露が冷気によって霜となって降り始め、冬が近づく頃。
冬	立冬(十月節)	11月7～8日	冬の始まりの日。
	小雪(十月中)	11月22～23日	初雪が降り始める季節。
	大雪(十一月節)	12月7～8日	降雪が増える時期。
	冬至(十一月中)	12月21～22日	太陽がその軌道上で最も南に位置し、昼間の時間が最短になる日。
	小寒(十二月節)	1月5～6日	寒の入り。暦の上で寒さが最も厳しくなる時期の前半期。
	大寒(十二月中)	1月20～21日	冬の寒さが最も厳しくなる時期。

図解 二十四節気と神道生活の一年

1年の暮らしのなかに息づく神道

神道と年中行事

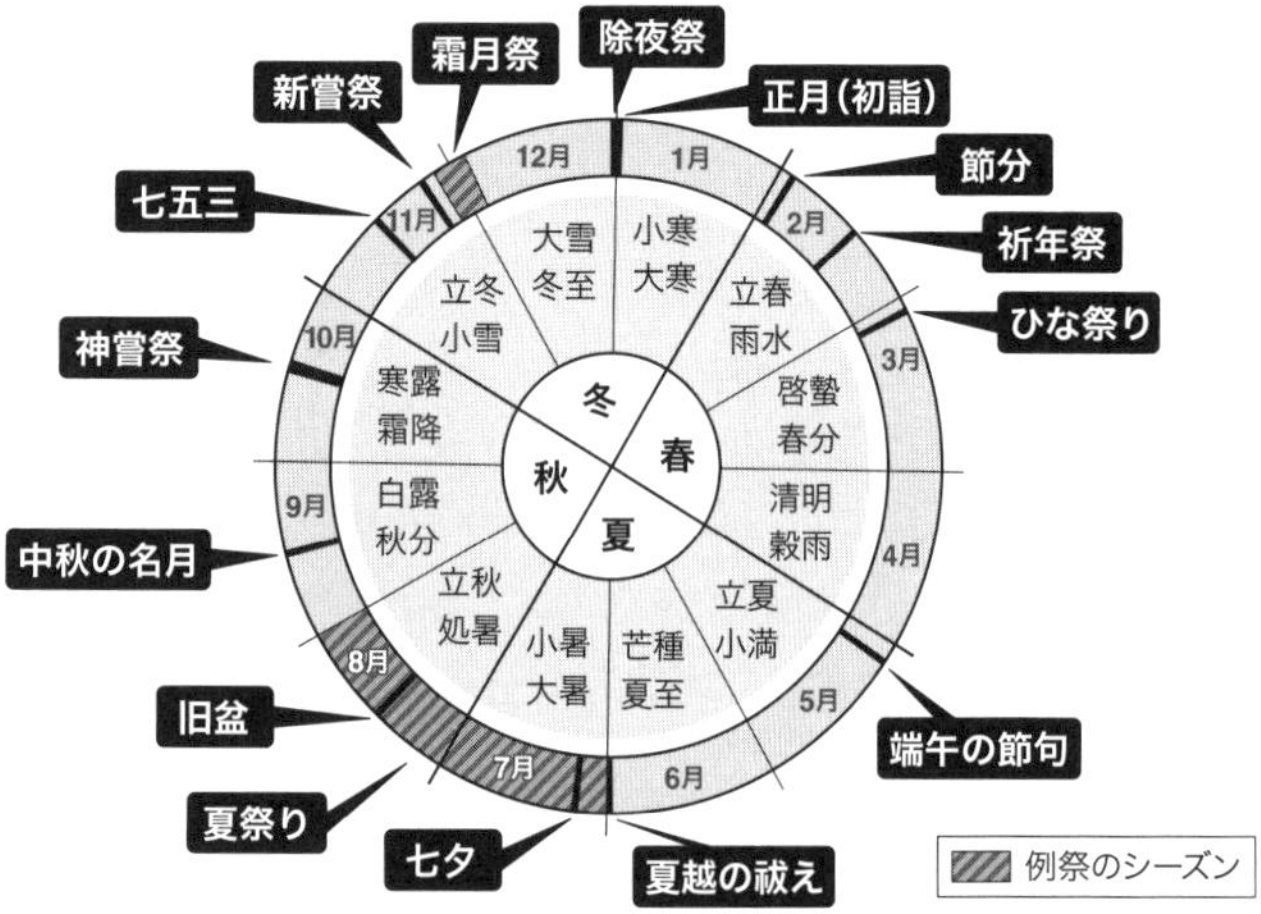

正月(初詣)	1月1日。歳神を迎え入れる神事。新年を寿ぎ、安寧と繁栄を願う。
節分	2月3日。邪気を祓うために豆まきを行なう行事。
祈年祭	2月17日。「としごいのまつり」とも呼ばれ、農耕祈願が由来となっている。
ひな祭り	3月3日。人形を流し、穢れを祓う儀式を起源とし、女児の成長を願う行事。
端午の節句	5月4日。中国から伝わり、田植祭の神事と結びついた、男児の成長を願う行事。
夏越の祓え	6月末に行なわれる罪や穢れを取り除く神事。茅の輪をくぐり無病息災を願う。
七夕	7月7日。年に一度、機屋で神を待つ乙女の伝説と中国の伝説が結びついて生まれた行事。
夏祭り	7月上旬から8月下旬の間に行なわれる。疫病を祓う儀礼や死者の弔いの行事を起源とする。
旧盆	8月14日の行事。祖霊を家に迎えて先祖とともに楽しむ。
中秋の名月	9月15日、畑作物や山の幸の収穫を祝い、豊作・不老長寿を祈る儀式を由来とする。
神嘗祭	10月16～17日に行なわれる。その歳に収穫した初穂を天照大神に供える。
七五三	3歳、5歳、7歳のときに神社に詣でて子供の成長を報告し、以後の加護を願う。一般に11月15日とされる。
新嘗祭	11月25日。収穫した作物を神に供え収穫に感謝する祭り。
霜月祭	11月下旬～12月にかけて行なわれる祭りの総称。稲の収穫に伴う物忌み。
除夜祭	12月31日、1年を無事に過ごせたことを神々に感謝し、新年の訪れを祝う。

元旦

なぜ、元旦には門松を飾るのか？

年末、街では門松《かどまつ》を立てている家がちらほら見られる。年の暮れも押し迫り、いよいよお正月だなという気分になるが、門松にはどのような意味があるのだろうか。

門松はただの飾りではない。年神様《としがみ》に来ていただくための目印で、宿っていただくための依り代である。年神とは農耕の神様で、農耕民族であった日本人は、年頭にこの神様をお迎えして、その年の豊作を祈願したのである。

現代の門松は、松と竹を組み合わせたものがほとんどだが、古くは人々が山に入って切り出した木を使っていたため、松、栗や楢《なら》、樫《かし》、柳など様々な木が使われていた。比較的常緑樹が多いのは玉串《たまぐし》同様、寒い冬にも枯れない様が、神威や神徳の象徴と考えられたためと思われる。なかでも松は「年神を待つ」につながることから、早くも鎌倉時代頃から一般化し、江戸時代に広く定着した。梅や南天を組み込んだ、華やかなものも飾られるようになった。

正月の軒先を飾る一対の門松。一対の形が長寿を招くとされ、江戸時代に定着した。

門松は、大掃除を終えて家を清めてから飾るのがしきたりであるが、できれば二十八日までには飾りたい。二十九日は「苦《く》松《まつ》」につながって縁起が悪いとされ、三十一日に飾るのは「一夜飾り」として神様に失礼だとされているのだ。

門松は、玄関や門の外に左右二つ置くのが本式だが、アパートやマンションで置くスペースがないなら、小ぶりで略式の門松があるので、それを飾るといい。これは松の枝を和紙で巻いて水引で結んだもので、玄関のドアに掛けることができる。

飾った門松は、「松の内」が終わる七日あるいは十五日までに片付ける。「松の内」とは年神を迎えている期間のことで、年始の祝い事もこの間に行なわれる。

初詣

正月になるや、日本人が一斉に初詣に行くのはなぜ？

新年にその年一年の幸福や平安を祈願するのが初詣である。年明けの三が日には、家族や友人と連れ立って、寺社に参詣に行くことを毎年恒例としている人も少なくないだろう。

新しく年が明けると、テレビの中継で初詣の賑わいが伝えられたり、新聞などのメディアで初詣の人出ランキングが報じられたりする。東京の明治神宮や京都の伏見稲荷大社、神奈川の鶴岡八幡宮などは初詣先としても毎年上位にあがる全国的にも有名な神社である。

こうした有名神社への初詣が始まったのは、明治に入ってからのことだ。人々に浸透している初詣は、実は近代に始まった風習だったのである。

実は意外と新しい初詣

近世以前は遠出して参詣するのではなく、自分が暮らす地域の氏神の社への参詣が一般的だった。中世の頃より公家《くげ》や武家の間では、大晦日《おおみそか》の夕方から氏神の社に一晩中籠り、新しい年を迎える「としごもり」が行なわれていた。

やがて江戸時代になると、庶民も加わって一年の感謝を込めて除夜《じょや》の鐘を聞きながら参詣する除夜詣《じょやもうで》と、新たな一年の幸せを願って元旦に参詣する元旦詣が分かれて行なわれるようになる。こうしたなかで、年の初めであることが重視され、除夜詣よりも元旦詣の方が盛んになっていった。

さらに、遠出して有名寺社へ足を運ぶ点については、江戸時代に流行した恵方詣《えほうもうで》の影響と考えられる。恵方とは福徳を司る歳徳神《としとくじん》のいる吉方位のことで、毎年干支《えと》によって変わる。福を求めて、正月にその年の方角にある寺社にお参りする。行楽を目的としつつ神社仏閣のご利益を得られるものとして、庶民が出歩くきっかけとなった。

明治時代、公共機関が整備され、人々の行動範囲が広がると年始の参詣は行楽の色彩がより濃くなる。この時期は鉄道の黎明期にあたり、鉄道各社が利用者数を伸ばすために、沿線の神社仏閣参詣への利便性をアピールしたことも後押しとなった。正月の参詣は初縁日といって、年初めの神仏にゆかりのある日が重視されてきたが、この頃になると縁日や恵方、氏神にもこだわることなく、それぞれの祈願にゆかりのある神社に詣でることが習慣化していたのである。

こうして大正あたりから徐々に初詣という言葉が使われ始め、今日へと至る。つまり、初詣は古来の行事が近代の生活スタイルとともに変化して形づくられたものなのだ。

節分

節分の豆まきで退治する鬼って本当は何者？

「鬼は外開き！　福は内！」の掛け声とともに豆を撒く二月の年中行事が節分である。一般の家庭でも広く親しまれ、お面をかぶって鬼に扮した大人に子供たちが豆を投げて大はしゃぎする風景が見られる。退治される鬼は、角を生やして虎皮パンツを穿いたユーモラスな格好をしているが、これは近代に分かりやすいイメージになったもので、本来の「鬼」とは、病気や飢餓《きが》、災厄など、人間に良くないものの総称であった。

そもそも節分とは、立春《りっしゅん》、立夏《りっか》、立秋《りっしゅう》、立冬《りっとう》の前日を指す言葉で、現在では立春の前日だけがクローズアップされているが、一年に四回ある。立春は現在の新暦では二月四日だが、旧暦の一月一日で、大晦日にあたる二月三日の節分に、その年の邪気をすべて祓う儀式として行なわれてきたのが、豆まきの鬼払いなのだ。

この豆まきの原型は、中国で行なわれていた悪鬼を弓矢で追い払う「追儺《ついな》」の儀式にある。これが平安時代の宮中で疫病退散のために始まり、やがて庶民の間にも定着した。

もっとも、追儺の儀式が伝わる以前の日本では、節分に人間のもとを訪れるのは、鬼で

平安時代の初期頃から行なわれている鬼遣いの儀式「追儺会」。災厄を象徴する鬼を追い払うこの行事が、節分の起源となったという。

はなく幸福を与えてくれる春の神だった。農耕を司り、豊作の願いを聞き届ける祖先の霊が、一年の始まりにやって来るとされていたのである。しかし、本来ならば神を迎え入れ、お祝いする行事のはずが、時代を経ていつの間にか神が鬼になり、家から追い出されるようになってしまった。

節分にまく豆は大豆を煎ったものだが、これも古代に焼いた大豆を炉端に並べて、その年の天候を占ったことの名残りだという。また、豆を入れる升はただの入れ物ではなく、豊穣をもたらす神への供物の容器でもある。

豆には神霊が宿っており、それを自分の年齢の数だけ食べると、神の力が体に入って病気に負けない体になるとされる。

どうして桜の樹の下で花見をするようになったの？

花見

日本人は桜の花を好む。「お花見」というと桜の花を見ることを表わし、桜前線の北上と各地で繰り広げられる賑やかなお花見の様子は、ニュースでも連日のように報道されている。だが、どうしてこれほど桜の花がもてはやされるのだろう。

「花は桜木、人は武士」という言葉もあるし、江戸時代からのことだろうかと思う人が多いかもしれないが、そうではない。じつは桜も神道と関係が深く、日本人は、古代から桜の花の下で宴を行なっていたのだ。

宮中では桜の花を眺めに野山に出かけ、詩歌を作る習慣があり、農村でも全国的に三月から四月にかけての「山遊び」という行事があった。これは、近所の人と誘い合わせ、お弁当を持って山に入り、桜の花の下で飲んだり食べたりして一日を過ごすのである。

「山遊び」といっても、楽しみのためだけに行なうのではない。花見の主役である桜は、田の神の依り代とされていた。サクラの「サ」は稲の神を表わし、田植えをする月はサツキ、田に植える苗はサナエ、その苗を植える女性はサオトメ、稲の生育に必要な雨はサミダレと、稲作に冠しては「サ」のつく言葉が多い。そして「クラ」は神座を意味するのだという。

だから山遊びは、田の神様を迎え、豊作を祈願し、農事を占う大切な行事だったのである。神が宿る依り代の下で飲食をすることは、神に酒や料理の供え物をして、それを人間も共にいただく「神人共食」の形であり、豊作を祈願する神事であったのだ。

農作業の始まりを知らせる開花

では、なぜ神の依り代が桜なのだろうか。もっと早い時期に花を咲かせ、春の訪れを告げる梅ではいけないのだろうか。

これは、桜の開花が、その年の稲作を本格的に始める時期と重なっているからである。暦が普及していなかった時代には、自然の草木の芽吹きや開花を目安として、農作業が行なわれた。だから稲作に関わる桜の開花は、日本人にとって重要な関心事だったのである。

山遊びは野遊びとも呼ばれたし、海辺に出かけるのは磯遊びと呼ばれた。そして江戸時代以降は、花見も仲間同士で出かける行楽として、農村部、都市部を問わず、日本中で行なわれるようになったのである。春の遠足や運動会、潮干狩りなども、山遊びの影響で生まれたと考えられている。

茅の輪

夏越の祓ではどうして大きな「茅の輪」をくぐるのか？

神社に行ったとき、藁で編まれた大きな輪が立てられていたり、鳥居に吊り下げられていたりするのを見た経験はないだろうか。

これはチガヤやススキなどイネ科の植物で編んだ「茅《ち》の輪《わ》」という輪で、この輪をくぐれば穢れを祓うことができると言われている。六月末に行なわれる「夏越《なごし》の祓《はらえ》」は、茅の輪をくぐって穢れを祓う半年に一度の神事である。

だが、どうして茅の輪をくぐると穢れを祓うことになるのだろうか。これは、『備後国《びんごのくに》風土記《ふどき》』の逸文《いつぶん》に記された、蘇民将来《そみんしょうらい》という人物の故事が起源である。

武塔神《むとうのかみ》（素戔嗚尊）が旅に出て蘇民将来の兄に宿を請うた。兄は裕福だったにもかかわらず宿を貸すのを断ったのに対し、貧しい蘇民将来は宿を貸して歓待した。すると武塔神は、蘇民将来に「茅の輪を腰につけよ」と告げて去った。その後、疫病が流行しても、茅の輪を腰につけていた蘇民の一家は助かった。茅の輪が肩代わりとなったのである。

罪や穢れを、何かの依り代に移して除く行為は、「祓い」と呼ばれる。神道では、人間

大祓においては、この茅の輪をくぐることで無病息災を願う。

が生きていると罪や穢れが蓄積され、穢れた状態だと悪霊が来て災いをもたらすと考えられている。そのため、水で体をすすぐ「禊」や、人形《ひとがた》などの依り代に穢れを乗せて川に流したり神社で焚き上げたりする「祓い」を行なって心身を清めるのだが、茅の輪をくぐることも「祓い」になるという。

茅の輪をくぐるには、作法がある。まず、輪の前で一礼してくぐったら、左回りに輪の前に戻る。再び一礼してくぐり、今度は右回りに戻る。そして、また礼をしてくぐり、左に回って戻り、最後にまた礼をしてくぐって、それから正面に進むのである。

このとき、大祓詞を唱えるのが本格的だが、心のなかで「祓い給え、清め給え」と唱えるだけでもいい。

七夕

願い事を書いた短冊は七夕が終わるとどうするの?

七月に入ると、保育園や幼稚園、商業施設などに七夕飾りの笹が飾られるのを目にする。もちろんそこには、願い事を書いた短冊も付けられているはずだ。あるいは家族で小さな笹にそれぞれが願い事を書いて飾るというようなこともあるだろうし、仙台などのように地域によっては、大々的な祭りとして七夕飾りを行なう場所もあるだろう。

そうした願いがこもった笹竹は、六日に飾り、翌日七日の夜には外すものとされているが、その後はどうなるのだろうか。本来この笹竹は、人形《ひとかた》や灯籠などとともに短冊や飾りをつけたまま川や海に流していた。この行事を、七夕流しや灯籠流しなどという。しかし現在は、河川の汚染に配慮して燃やすようになっているが、本来七夕の行事はかつての形に見られる通り、水と縁がある行事なのだ。

中国の伝説と融合した機織女の伝説

七夕といえば、まず思い浮かぶのは彦星《ひこぼし》と織姫《おりひめ》の恋物語だろう。それぞれが仕事を怠ったために罰を受け、普段は天の川を隔てており、年に一度、七月七日の晩が晴れると出会うことができるという中国の伝説だ。

この伝説にちなんで、裁縫や習字の上達を願う星祭り「乞巧奠《きこうでん》」が奈良時代に伝わり、天平勝宝七年（七五五）に平城宮で催された。以来、乞巧奠は宮中の儀式となり、これが七夕の起源となる。

しかし日本の七夕には、もう一つ重要な要素が加わっている。

それが、水に深い関係のある「棚機津女《たなばたつめ》」の故事である。棚機津女は、夏と秋に川のほとりの小屋に籠って、神の衣を織り上げる乙女のことである。その神とは遠方からやってくる水の神で、乙女は清流で禊をしていたとされる。機織りの乙女は『古事記《こじき》』や『日本書紀《にほんしょき》』にも登場し、その役割は天照大神自身もしくは天照大神に仕える巫女などが勤めているから、神聖な存在である。

日本の七夕は、この日本と中国の風習が合わさって生まれたものなのだ。七夕とはそもそも「七月七日の夕方」を略した名称であるが、「たなばた」と発音する。これは「棚機」を意味しているという。

この時期に「禊」をして身を清めるのは、盆行事、先祖の霊が家々に戻ってくるという信仰に関係しているのである。

盆

どうしてお盆ではご先祖様をお迎えするの？

「盆と正月が一緒に来たよう」とは、嬉しいことや忙しいことのたとえに使われる表現だ。日本で週休が定められたのは近年のことで、それまでは奉公《ほうこう》に出ていた人々が、休みを取れるのがこの年二回であったことからくる。大切な行事であったことは想像に難くない。

お盆の期間は、現在各地域で違いがある。旧暦の七月十五日が中心とされるのが一般的だが、月遅れの八月、さらに新暦の七月に行なわれる場合もある。

盆のある盆月は、死者にまつわる行事が連なる。まず一日は「釜蓋朔日」と呼ばれ、地獄の釜の蓋が開いて亡者が出てくると言う伝承がある。十三・十四・十五日、もしくは十六日までの盆行事の中心を挟んで、二十四日が地蔵盆、あるいはウラボンと呼ばれ、盆はひと月弱の一連の行事と見なすことができる。

十五日を中心とするお盆には、先祖が帰ってくる目印となる提灯を灯したり、門口で迎え火を焚いたりして先祖を迎え、最後に送り火で先祖を送り出す。とくに過去一年以内に誰かが亡くなった場合には、新盆《にいぼん》、初盆《はつぼん》として手厚く供養される。

この盆という名称は、盂蘭盆会《うらぼんえ》の略と言われ、盂蘭盆経という仏教の経典に由来する。釈迦《しゃか》の弟子である目連《もくれん》が主人公となる説話である。目連は、亡き母が地獄に落ちて逆さ吊りの刑に遭って苦しんでいることを知る。救済の方法を釈迦に問うたところ、釈迦は七月十五日に供養することを教えた。これが、盆を旧暦七月十五日に行なうことにつながったという。

神道と盆の知られざる関係

このように仏教行事として定着している盆であるが、よくよく考えてみてほしい。本来現世での救いを求める仏教の行事となっているのは違和感がないだろうか。実はお盆の行事も、神道の祖先や死者の魂を祀り供養する祖霊崇拝に基づいた行事なのだ。これは平安時代に仏教が皇族、貴族に取り入れられ、後世には武家、庶民へと普及していくなかで、お祝い事は神社で、死にまつわる事は寺というように分業されていったためである。

もともと神道では、先祖の霊が訪れるという御魂祭《みたままつり》を、正月と盆の年二回行なっていた。しかし前述のような役割分担によって、盆行事は葬式や追善供養など不祝儀を担う寺院の管轄に、正月は神社の管轄に入り現在に至ったと考えられている。つまり盆は、仏教と祖霊信仰が習合した行事といえるのだ。

月見

どうしてお月見にはススキを飾るの？

旧暦の八月十五日、つまり九月に満月となる日の月は、中秋の名月と呼ばれる。暑い夏が過ぎて過ごしやすくなった頃に、空気が乾燥していることも手伝って、鮮やかに美しくみえる名月を愛《め》でるこの行事は、古来日本人に親しまれてきた。

お月見といえば団子のほか里芋、柿、栗などの供え物であるが、飾りによる風情も楽しみの一つだ。飾りのなかで、月見に欠かせないのがススキである。

このススキ、じつは月の神の依り代として考えられている。ススキは茎が中空になっており芯がないため、ここに十五夜に訪れた月の神が宿ると言う。

ススキに宿る月の神は、日本の神話に登場する月読尊《つくよみのみこと》である。月読尊は、神話でも多く登場する天照大神《あまてらすおおみかみ》、素戔嗚尊《すさのおのみこと》とともに、とくに尊い神として三貴子《さんきし》と呼ばれる。『日本書紀』によれば、天照大神の命によって食物を司る保食神《うけもちのかみ》に会いに行った際、月読尊は、保食神がもてなすための食べ物を口から吐き出していたことに激怒して、この神を殺してしまった。これを知った天照大神は激怒。月読尊と仲違いし、昼と夜が生まれたとされる。

暦と密接な関係を持つ月の神

こうした来歴を持つ月読尊は、農耕が神格化した姿でもあるという。その理由は、昔の日本人にとって月と農耕が深い関わりを持っていたためである。

どういうことかというと、かつて日本では月の満ち欠けに基づいた太陰暦《たいいんれき》が用いられており、人々はこれによって作物の種まきや収穫の時期を測っていた。作物といえば、米が最初に浮かぶかもしれないが、稲作は水田を作るなど高度な農耕技術を必要としたため、米が安定して作れるようになるまで、日本人は長らく里芋を主食としていた。

中秋の名月はちょうど、里芋の収穫時期に当たる。自然の恵みを神に感謝したのが、月見の始まりだと言う。つまり月見は里芋の収穫祭という側面もあるというわけだ。実際に地域によっては里芋を供える習慣がある。

また、この実りの季節、月に感謝する特別な日には、子供たちは月見の供え物を盗んでもよいという風習もあったという。これは、神に捧げたものはみんなで分け合って食べるという考え方に基づくものだ。

十五夜の満月の夜は、大切な節目の祭儀とともに、その行事にはおおらかな側面もあったことがうかがえる。

図解 人生の通過儀礼

人生の重大事件と、今も息づく風習の今昔

江戸中期〜一九六〇年頃

誕生・子供の時代

・産神
・妊娠祈願
・帯祝い
●誕生
・お七夜（命名）
・初宮参り
・三一日目
・初節供
・お食い初め
・髪置き
・袴着

子供組／娘組

・七五三（七歳までは神の子）
・帯解き
・十三参り
●成女式
●成人式（一人前）
・厄年（女子）

若者組／結婚

●結婚
・婿入婚
・嫁入婚
・婚約
・結納
・婿入り
・朝婚入り
・妻問い
・嫁入り
・初里帰り

現代

誕生・子供の時代

・妊娠祈願
・帯祝い
●誕生
・産湯
・命名
・初宮参り（↓178ページ）
・初節供
・お食い初め

子供から大人へ

・七五三（↓180ページ）
●小学校卒業
●中学校卒業
●高校卒業

大人の仲間入り

●大学・短大・専門学校入学
●成人式
●大学・短大・専門学校卒業
●就職

結婚

・見合い
・婚約
・結納
●結婚式（↓182ページ）

親としての時代

・厄年
・女子の大厄
・厄年（女子）
・男子の大厄

隠 居

・村隠居
・還暦
・古希
・喜寿
・傘寿
・米寿
・卒寿
・白寿
・茶寿

● 死

葬儀と年忌

・喪家
・通夜
・葬式
・野辺送り
・初七日
・四十九日
・百箇日
・一周忌
・三年忌
・七年忌
・十三年忌
・十七年忌
・二十三年忌
・三十三年忌
・生まれ変わり

親としての時代

・地鎮祭（↓184ページ）

老 後

・厄年（女子）（男子）（↓186ページ）
・定年
・還暦
・古希
・喜寿
・傘寿
・米寿
・卒寿
・白寿
・茶寿

● 死

葬儀と年忌

・通夜
・葬式
・初七日
・四十九日
・百箇日
・一周忌
・三年忌
・七年忌
・十三年忌
・十七年忌
・二十三年忌
・三十三年忌
・生まれ変わり

初宮参りの神社はどこにお参りに行けばいいの？

日本人の生涯において、最初に神社と接するのが、初宮参り《はつみやまいり》である。小さな子供は母親に抱かれている場合が多いものだが、お宮参りの場合は祖母に抱かれていることが少なくない。これは神道の「忌《い》み」の考えによるものだ。出産には出血も伴うため、穢れを伴うと考えられてきた。

忌みの期間が終了する忌明けが、子供は、男児が三十二日、女児が三十三日とされ、忌明けのあとに初宮参りの日が決められてきた。そのため、子供の忌明けからすぐに参詣する初宮参りでは、子は母親の代わりに姑などに抱いてもらう。ではそうした初宮参りは、どこに行くべきなのだろうか。初詣のように好きな神社を選んでも良いのだろうか。

初宮参りの目的とは？

その答えは、初宮参りの目的を考えてみると理解しやすい。

一つは、土地の氏神に子供が無事に生まれたことを報告し感謝することである。そして今後も健やかに育つよう、神の加護を願うのだ。

もう一つは氏子入りの報告を行なうためである。かつては地域のコミュニティーが生活により密接に関わっていたため、新しく生まれた子供を地域の一員として認知してもらうことが重要であった。初宮参りの時には、わざとつねって泣かせるということも行なわれたのは、神に自分の子を印象付けるためであるが、自分の子を印象づけたいのは神に限らない。出会う人に子供を見せたり、近所の子供たちに菓子を配ったりするのは、同じ地域に暮らすほかの氏子に認めてもらうための習慣である。つまり、初宮参りには社会的承認の第一段という側面があったのだ。

以上のことから、初宮参りは氏神の神社で行なうべき行事であることが言える。自分が住む地域を守る神が氏神であり、住んでいる場所によって氏神は定められている。氏神はその土地の人々の厄を祓い、商売繁盛、学業成就などあらゆる願いを聞き入れてもらえる存在で、氏神を大事に祀ることで幸せが約束されるのだ。

かつては、人が生まれると氏神の神社で氏子札を受け、死亡すると戻すこともあった。つまり氏子のシステムは、住民の管理としての公的な機能もあったのである。

しかし現代では、戸籍《こせき》制度もあり、時代を経て氏子の概念も変化してきた。そのため初宮参りも、氏神の神社に限らず個人的に崇め敬う有名神社に赴く人も増えている。

七五三

お祝いをする歳の「七・五・三」ってなんの数？

七五三は、数え年で三、五、七歳の子供が行なう行事である。一般的には、三歳は男児と女児、五歳は男児のみ、七歳は女児のみが対象となるが、地域によって異なる。また兄弟の年齢差によって少しずらしたり、満年齢で参拝に行ったりする場合もある。

この七五三は、子供の健やかな成長を願い、悪霊を祓うために宮参りをする行事だ。また、子供自身に自分の成長を自覚させる意味もあるという。

起源は平安時代の公家《くげ》の間で、当初は十一月に限らず正月などに袴着《はかまぎ》、帯解などが行なわれていたが、江戸時代、病弱だったのちの徳川五代将軍綱吉《つなよし》（幼名・徳松）が五歳を迎えた天和《てんな》元年（一六五〇）十一月十五日にお祝いを行なったことが広まり、定着が促された。その後、長寿につながることから千歳飴《ちとせあめ》を子供に持たせたり、子供に晴れ着を着せたりするようになって、現代の七五三のスタイルが完成する。明治時代に「七五三」がその行事を指す言葉となった。

しかしなぜ三歳、五歳、七歳なのだろうか。その理由のひとつは、平安時代以降、日本人の生活に影響力を持った中国伝来の陰陽道《いんようどう》の思想において、奇数は縁起がよいと考えられたためである。また、これらの年齢が、かつての人生の通過儀礼において、幼児から子供、そして大人へと成長する節目であったという点も大きな根拠となっている。三歳は、髪を結うために伸ばし始める時期で、「髪置き」などが行なわれていた。また、「帯結び」などといって初めて帯を締める祝いの年でもある。さらに五歳は男児が袴を穿いて祝う「袴着」を行なう。そして七歳は、本式の帯を結ぶようになる年齢であった。

七歳までは神様の子？

このように七五三の歳は、乳児から幼児へ、幼児から少年少女へと子供が大人へのステップを上っていく節目とされていたのだ。そして、少年少女となる七歳の節目が、七五三のなかで、最も重要な年齢とされている。さらにもうひとつ、七という数字には子を持つ親にとって切実な想いが秘められている。

かつては子供の死亡率が高く、「七歳までは神の子」「子供は七つの坂を越すまではわからない」とも言われていた。つまり、七歳になる前はいつ神に引き戻されるように死んでしまうか分からないと考えられていたのだ。七歳は神社の氏子のひとりとして社会生活の一員として人格が認められると同時に、親の心配がひとつ減る年でもあったのだ。

結婚

神前結婚式は伝統的なもの？

お宮参りや七五三、成人式などの通過儀礼を経て成長した子供は、やがて伴侶を得て「結婚式」を挙げる。最近はキリスト教式の人気が高まる一方で、神式のスタイルも根強い人気を持つ。

神社に参詣に訪れた時に、白無垢《しろむく》姿と袴姿の新郎新婦を見かけたことはあるだろうか。親族が後ろに続く行列が境内を進み、やがて神前で結婚式が行なわれる。雅楽《ががく》が奏でられ、祝詞が奏上され、巫女が舞うなど、いかにも古式ゆかしい雰囲気に感じられる。

さぞかし伝統的なものと思われがちな神前式の結婚式であるが、実は神前式は明治三三年（一九〇〇）に執り行なわれた、大正天皇となる嘉仁親王と節子妃の婚礼の儀が最初である。この影響から、一般人も神前式の結婚式を挙げるようになったのだ。

それ以前は、家庭の麻間（神々を祀る処）を背景に新郎新婦が並び、盃事などをして結婚式としていた。

◐神話からひもとく神道の結婚観と男女観

では、神道における結婚観とはいかようなものか。
『古事記』では、伊耶那岐命《いざなきのみこと》（伊弉諾尊）と伊耶那美命《いざなみのみこと》（伊弉冉尊）が結婚し、国土や神々を生む場面に結婚観が端的に言い表わされている。

天より降った伊耶那岐命が伊耶那美命に対し、「ながり身はいかにか成れる（お前の体はどのようにできているか）」と問いかける。

すると伊耶那美命は、自分の身体には「成り成りて合はざる処一処あり」と答える。これに伊耶那岐命が自分の身体には「成り成りて成り余れる処一処あり」と答え、合わせて国土を生もうと提案するのだ。

こうして日本の国土が女神の身体から生み成される。このように神道では、男女の交わりを、生命を生み出す根源となるものと捉え、神聖なものと位置づけている。

同時にこれは直接的な表現ながらも、男女がお互いの未熟な部分を補い合って家庭を築いていくという結婚の原義にもつながる。天神の命を受けて、伊耶那岐命・伊耶那美命が国土を生み成したように、新郎新婦は結婚においてはお互いの協力により人生を切り開き、子孫長久であるようにと祝福されるのだ。

地鎮祭

どうして家を建てるときに祭祀をしなければいけないのか？

人生のなかで、最も高額な買い物が「マイホーム」である人は少なくないだろう。住まいは生活の大きな基盤であり、家を購入することは人生の節目ともなるものだ。

現在はマンションや建売住宅など、すでに建物が完成した住宅を購入する場合もあるが、家に限らず建造物の着工前には、地鎮祭《じちんさい》が行なわれる。

これは日本古来、地上の万物に神が宿るという考えに基づいた信仰である。地鎮祭では、建築場所である土地に宿る神霊を鎮める祭祀である。土地に手を加えることを神に報告し、作業の安全と建造物の無事の完成を祈願するものであり、厄災のないように清め祓う風習でもある。

地鎮祭は、古来の言葉で「とこしずめのまつり」と呼ばれる。この祭祀が初めて登場するのは『日本書紀』の持統天皇五年（六九一）の項の「新益《しんやく》の都を鎮め祭らしむ」という記述である。藤原京の造営に際しての国家的行事の地鎮祭に関する記録だ。

土地の霊を祀ることに関しては、神庭荒神谷《かんばこうじんだに》遺跡に痕跡を残す祭祀が地鎮であると目されているように、弥生時代から続く日本人の習俗であったこと考えられている。「土」という漢字も、いわゆる物体の土を指すのではなく、地中の神霊を呼ぶ名であったとされる。このように地鎮祭は日本人にとって、長く受け継がれ、馴染んできた風習なのだ。

地鎮祭の流れ

まず建設場所の一部となる場所を掃き清め、四隅に、斎竹《いみだけ》と呼ばれる葉のついた青竹を立て、注連縄を巡らせる。中央奥には神の依り代となる神籬《ひもろぎ》を立てる。神籬とは榊に麻や紙垂という白い紙のついたものだ。手前には祭壇を設け、神の食事である神饌《しんせん》と呼ばれる御神酒《おみき》、米、魚、野菜などを備える。さらにこの祭祀場所のなかに砂を盛っておく。

こうした準備を行なったうえで、施工主、つまり家であれば家長をはじめ、その家族、建築関係者が参列して祭祀を執り行なう。

一般的な流れは、神主が祝詞をあげ、参列者にお祓い、お米や御神酒で四方を祓い施工主がこれに鍬入れをするというものだ。鍬入れは、神霊の守護のもとで地面を掘り起こすことで、安全祈願を祈る。

最後に参列者が神霊に玉串を供えて、地鎮祭の儀式は終わる。

土地にはその土地の神霊が宿り、その許しを得て初めて家が建てられるのである。

厄年

人生のなかで誰もが運の悪く年って本当にあるの？

数え年で、男性の二十五歳、四十二歳、六十一歳、女性の十九歳、三十三歳、三十七歳は厄年とされ、それぞれの前年が前厄、翌年が後厄となっている。

なかでも男性の四十二歳、女性の三十三歳は大厄とされ、厄年の年周りになると、不安に感じる人もいるだろう。

厄年の年齢は、歴史的に変化している。中世の百科事典ともいえる『拾芥抄《しょうかいしょう》』によると、室町時代では、男女ともに十三歳、二十五歳、三十七歳、四十九歳、六十一歳、八十五歳、九十九歳であった。

厄年の年齢が定まってきたのは江戸時代のことで、十九は「重苦」、三三は「散々」、四二は「死に」といったように語呂合わせになっている。

これを知ると、一気に厄年に対する信頼性がなくなるようだが、実際に病気を患ったり、大きなトラブルを抱えたりという時、偶然にも厄年だったということはないだろうか。

そもそも厄を落とすため、今だに多くの人々が神社でお祓いをしてもらおうとするのはなぜなのだろうか。

厄年の年齢の意外な根拠

実は、厄年は、そもそも「役年」から来ている言葉である。つまり、人生のターニングポイントなるような、重要な役割を任される年齢ということなのだ。

昔は今よりも、年齢が人生の転換期と密接に関わっていた。具体的には、自分が所属するコミュニティーでの祭祀である。神社の神職などもかつては専門職ではなく村の年長者が順に務めていた。ほかにも、神社の祭祀や運営を行なう宮座に参加したり、氏神の神輿を担いだりと、その年代ごとに重要な役割が与えられたのが、おおよそ厄年の年齢であったのだ。

とはいえ、社会的な重役には、大きなプレッシャーがかかる。そのために、神社でお祓いすることにより心身を清め気持ちを新たにし、身を慎むことで責務を全うすることを祈願するのである。

現代においては、様々な価値観によって暮らしは多様化しており年齢による節日は人それぞれかもしれない。しかし、結婚、出産、出世……人生の転換期があることに変わりはない。厄年は今もなお、自身を慎み、心身をリセットするのによい機会と言えるだろう。

神棚

どうして神棚の扉は開閉しないの？

仏教の仏壇は、朝に供物を献じるために開いて、夜に挨拶をして閉じるのが一般的だ。つまり仏壇の扉は毎日開閉されているものであり、仏壇を思い浮かべる時には、位牌などが祀られているのが見える、扉が開いた状態であることが多いのではないだろうか。

では、家の神棚が開いているところを見た記憶はあるだろうか。あったとしても、それはごくまれな時のはずである。神棚の扉が開かれることはめったにないのである。

南か東を向いた位置に設えられた棚には、白木で作られている神殿を模した宮形がある。お札が納められている場所である。その前に鏡が置かれている場合もある。その手前には左右に榊、灯明が置かれ、中央に御神酒や神饌《しんせん》が供えられる。普段、榊や供え物を取りかえる場合にも宮形の扉を開ける必要は一切ないようにできている。

実は、神棚は特別な日しか開閉しない。これは神棚が家のなかの小さな神社であるためだ。寺の本尊である仏像が拝める場合が多いのに対し、神社の御神体が安置されている場所の扉は閉められており、拝殿からは見えない造りになっている。これと同じで、神道に

神棚の祀り方

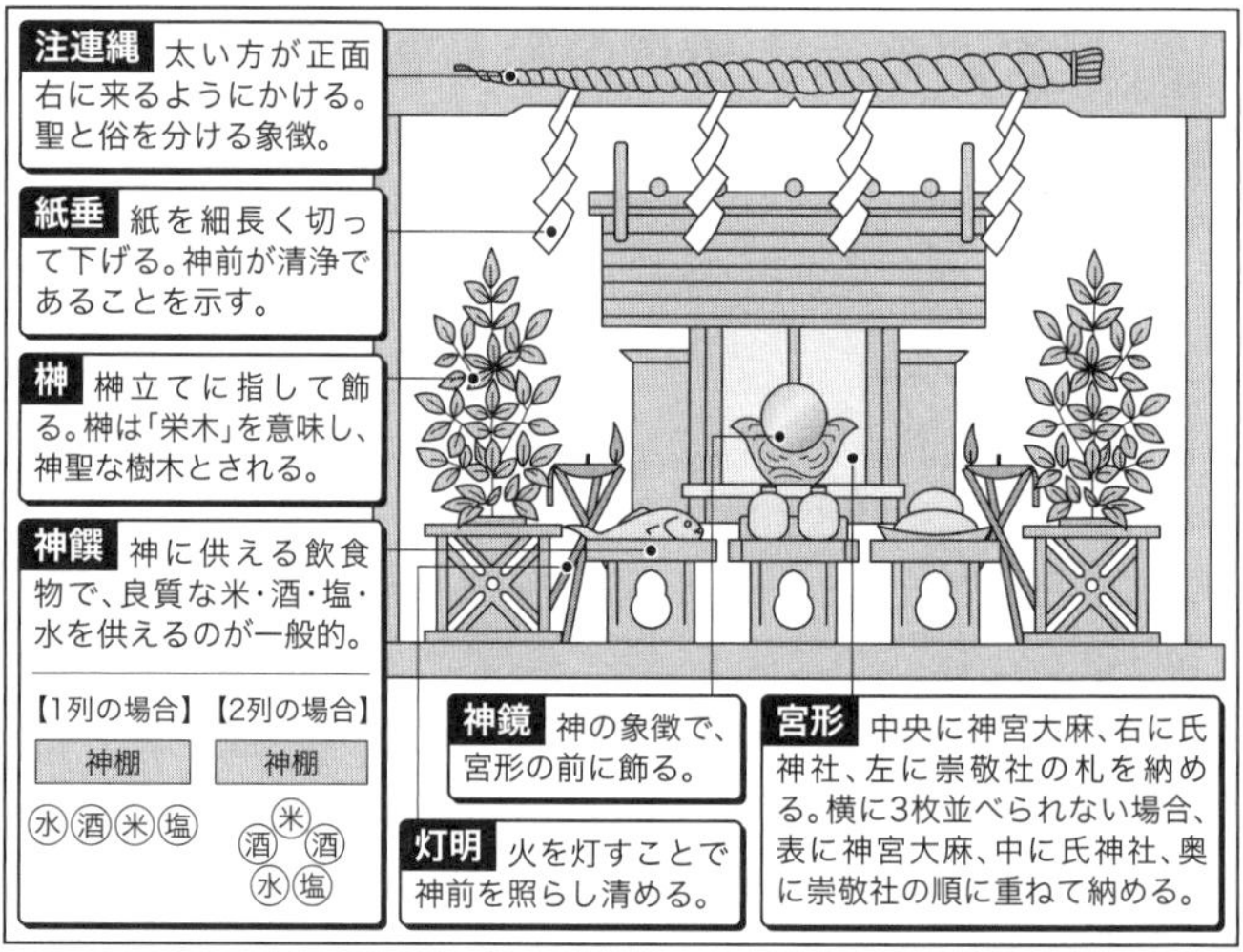
注連縄　太い方が正面右に来るようにかける。聖と俗を分ける象徴。
紙垂　紙を細長く切って下げる。神前が清浄であることを示す。
榊　榊立てに指して飾る。榊は「栄木」を意味し、神聖な樹木とされる。
神饌　神に供える飲食物で、良質な米・酒・塩・水を供えるのが一般的。
【1列の場合】
神棚
水　酒　米　塩
【2列の場合】
神棚
米　酒　酒　水　塩
神鏡　神の象徴で、宮形の前に飾る。
灯明　火を灯すことで神前を照らし清める。
宮形　中央に神宮大麻、右に氏神社、左に崇敬社の札を納める。横に3枚並べられない場合、表に神宮大麻、中に氏神社、奥に崇敬社の順に重ねて納める。

は隠身という思想があり、神霊はむやみに顕《あらわ》にしないのである。

そのため、御神体を拝むことができるのは、ごく限られた神職であり、特別な時のみとされる。

神棚が、各家庭に一般的に普及したのは、江戸時代中期のことだ。

日本国民の総氏神である天照大神を祀る伊勢神宮では、参詣の案内役である御師《おし》が各地で、神宮大麻《たいま》と呼ばれる神符を配っていた。この有難い札を安置するために、大神宮棚なる、神棚の原形が作られるようになった。

この大神宮棚に祀られる神符は御神体と同じ扱いであるために、神社と同じ理由で、扉は閉じられたままなのである。

column

押さえておきたい日本神話 其の五

海幸彦と山幸彦から神武東征まで

日向《ひむか》の高千穂《たかちほ》に降りた邇邇藝命《ににぎのみこと》は、山の神の娘である木花之《このはなの》佐久夜毘売《さくやひめ》と結婚し、3人の子をもうける。長男の海幸彦《うみさちひこ》と末子の山幸彦《やまさちひこ》はある日、お互いの仕事道具を交換するが、山幸彦が海幸彦の釣り針を失くしてしまう。途方に暮れる山幸彦だったが、海神の力を借りて針を見つけることができた。さらに、山幸彦は海神から貰った潮の干満を操る玉を使い、海幸彦を屈服させた。

山幸彦は海神の娘、豊玉毘売命《とよたまびめのみこと》と結婚したが、妊娠した豊玉毘売命が産屋《うぶや》のなかでサメの姿になっているのを見てしまう。恥ずかしく思った豊玉毘売命は海に帰り、代わりに妹の玉依毘《たまよりび》売《め》が、姉の産んだ鸕鷀草葺不合尊《うがやふきあえずのみこと》の世話をする。

玉依毘売命は成長した鸕鷀草葺不合尊と結婚し、4人の子を生んだ。この四兄弟の末の子である神倭伊波礼毘古命《かむやまといはれびこのみこと》が、初代天皇となる。

神倭伊波礼毘古命はやがて天下を治めるべく、東の地を手に入れようと決意する。兄とともに船出し、東へ向かいながら激しい戦いを繰り広げるが、摂津《せっつ》で那賀須泥毘古《ながすねびこ》に敗れてしまう。天照大御神《あまてらすおおみかみ》の子孫である自分が太陽の登る東へ向かったことが敗因だと考えた神倭伊波礼毘古命は、熊野《くまの》から畿内に再上陸し、吉野《よしの》の山々を越え、大和制圧を成し遂げる。

ここに神倭伊波礼毘古命は橿原《かしはら》の地で即位し、神武《じんむ》天皇となった。

【参考文献】

『イラスト版けっこうお世話になっている「日本の神様」がよくわかる本』戸部民夫、細谷敏雄監修、『神社の由来がわかる小事典』三橋健、『神道とは何か』鎌田東二、『神道の常識がわかる小事典』三橋健（以上、ＰＨＰ研究所）／『この一冊で神社と神様がスッキリわかる！』三橋健、『図説 神々との心の交流をたどる！ 神道』武光誠、『日本の神々と仏―信仰の起源と系譜をたどる宗教民俗学』岩井宏実監修、『日本人のしきたり』飯倉晴武、『日本人の源流―幻のツールをたどる』小田静夫監修、『日本人数のしきたり』飯倉晴武（以上、青春出版）／『新版 神事の基礎知識』藤井正雄、『日本語と神道 日本語を遡れば神道がわかる』茂木貞純（以上、講談社）／『わが家の宗教Ⅰ神道』三橋健、『仏教・キリスト教・イスラーム・神道 どこが違うか』大法輪閣編集部（以上、大法輪閣）／『日本の神々の事典―神道祭祀と八百万の神々』薗田稔、茂木栄監修、『神道がわかる本―日本人の心の原風景』エソテリカ編集部（以上、学研パブリッシング）／『0歳から100歳までの雑学年中行事・豆知識300』吉沢久子監修、『イラスト図解 神社』三橋健（以上、日東書院）／『なぜ八幡神社が日本でいちばん多いのか 最強11神社―八幡・天神・稲荷・伊勢・出雲・春日・熊野・祇園・諏訪・白山・住吉の信仰系統』島田裕巳、『知識ゼロからの神社と祭り入門』瓜生中（幻冬舎）／『社殿のみかた図典』前久夫、『鳥居―百説百話』川口謙二、池田孝ほか（以上、東京美術）／『神道事典』国学院大学日本文化研究所、『日本宗教事典』小野泰博（以上、弘文堂）／『事典 神社の歴史と祭り』岡田荘司、笹生衛編、『神道史大辞典』薗田稔、橋本政宣（以上、吉川弘文館）／『本当はすごい神道』山村明義、『歴史と起源を完全解説 日本の神様』青木康編（以上、宝島社）／『神道用語の基礎知識』鎌田東二（角川書店）／『神社のしきたり』浦山明俊（角川ＳＳコミュニケーションズ）／『神道用語の基礎知識』鎌田東二編著（角川学芸出版）／『神社ウォッチング』『神社のことがよくわかる本』以上、外山晴彦（東京書籍）／『神道と日本文化』安蘇谷正彦、中西正幸、岡田荘司［他］著、兵庫県神社庁編（戎光祥出版）／『こんなに身近な日本の神々―神道と私達の文化は、どうかかわっているのか』安蘇谷正彦（毎日新聞社）／『とこしえの神道―日本人の心の源流』櫟田弘一（日本研究所）／『お盆のはなし』蒲池勢至（法藏館）／『ビジネスマンの常識 神社のしくみと慣習・作法』三橋健編著（日本実業出版社）／『出雲大社の巨大な注連縄はなぜ逆向きなのか？』久能木紀子（実業之日本社）／『一冊でわかる神道と日本神話―「わが国の起こり」と「日本人の心の原点」を読み解く』武光誠（河出書房新社）／『永遠の聖地 伊勢神宮 二〇一三年、式年遷宮へ』千種清美（ウェッジ）／『神さまと神社―日本人なら知っておきたい八百万の世界』井上宏生（祥伝社）／『神社ってどんなところ？』平藤喜久子（筑摩書房）／『神社のおしえ』神田明神編著（小学館）／『神社の解剖図鑑』米澤貴紀（エクスナレッジ）／『神社の基本』東條英利監修（枻出版社）／『神道・仏教の素朴な疑問』（新人物往来社）／『神道いろは 神社とまつりの基礎知識』神社本庁教学研究所監修（神社新報社）／『神道と祭りの伝統』茂木貞純（神社新報社）／『人生儀礼事典』倉石あつ子、小松和彦、富田登（小学館）／『神道はなぜ教えがないのか』島田裕巳（ＫＫベストセラーズ）／『神道祭祀―神をまつることの意味』真弓常忠（朱鷺書房）／『神道・日本が誇る「仕組み」』武光誠（朝日新聞出版）／『神秘の道具 日本編』戸部民夫（新紀元社）／『神仏習合』逵日出典（六興出版）／『鎮守の森の物語 もうひとつの都市の緑』上田篤（思文閣出版）／『伝統文化の心―歳時・習俗に学ぶ』生方徹夫（モラロジー研究所）／『日々を楽しむ年中行事』三越（かんき出版）／『日本の神さまと神道 100の基礎知識』武光誠（宝島社）／『日本の神様を知る事典』菅田正昭（日本文芸社）／『日本神道のすべて―「日本を日本たらしめるドグマなき宗教」を探究する』瓜生中、渋谷申博（文芸社）／『日本人のくらし「基本のき」―「日本の行事」と「しあわせ」の関係―』廣瀬輝子（メディアパル）／『年中行事読本：日本の四季を愉しむ歳時ごよみ』岡田芳朗、松井吉昭（創元社）／『厄除け―日本人の霊魂観』佐々木勝（名著出版）／河北新報

【参考サイト】

伊勢神宮、子安時神社、神社本庁、天岩戸神社

監　修

茂木貞純（もてぎ　さだすみ）

埼玉県熊谷市に生まれる。昭和49年、國学院大學文学部神道学科卒業。昭和55年、同大大学院博士課程神道学専攻修了。現在、國學院大學神道文化学部教授、神道宗教学会理事、日本マナー・プロトコール協会理事、熊谷市古宮神社宮司。主な著書に『日本語と神道』（講談社）、『神道と祭りの伝統』（神社新報社）など。

※本書は書き下ろしオリジナルです。

じっぴコンパクト新書　302

JIPPI Compact

日本人《にほんじん》なのに知《し》らない神社《じんじゃ》と神道《しんとう》の謎《なぞ》
神社《じんじゃ》と神道《しんとう》でひも解《と》く日本人《にほんじん》と歴史《れきし》

2016年12月27日　初版第1刷発行

監　修……………茂木貞純
発行者……………岩野裕一
発行所……………株式会社実業之日本社
〒153-0044 東京都目黒区大橋1-5-1 クロスエアタワー8階
電話（編集）03-6809-0452
（販売）03-6809-0495
http://www.j-n.co.jp/
印刷所……………大日本印刷株式会社
製本所……………株式会社ブックアート

ISBN978-4-408-11209-1（第一趣味）